MONSTROS OU HERÓIS?

INSTITUTO PHORTE EDUCAÇÃO
PHORTE EDITORA

Diretor-Presidente
Fabio Mazzonetto

Diretora Financeira
Vânia M. V. Mazzonetto

Editor-Executivo
Fabio Mazzonetto

Diretora Administrativa
Elizabeth Toscanelli

Conselho Editorial
Educação Física
Francisco Navarro
José Irineu Gorla
Paulo Roberto de Oliveira
Reury Frank Bacurau
Roberto Simão
Sandra Matsudo

Educação
Marcos Neira
Neli Garcia

Fisioterapia
Paulo Valle

Nutrição
Vanessa Coutinho

Marcos Garcia Neira
Mário Luiz Ferrari Nunes

(Organizadores)

MONSTROS OU HERÓIS?

OS CURRÍCULOS QUE FORMAM PROFESSORES DE EDUCAÇÃO FÍSICA

Phorte
editora

São Paulo, 2016

Monstros ou heróis? Os currículos que formam professores de Educação Física
Copyright © 2016 by Phorte Editora

Rua Rui Barbosa, 408
Bela Vista – São Paulo – SP
CEP 01326-010
Tel./fax: (11) 3141-1033
Site: www.phorte.com.br
E-mail: phorte@phorte.com.br

Nenhuma parte deste livro pode ser reproduzida ou transmitida de qualquer forma, sem autorização prévia por escrito da Phorte Editora Ltda.

CIP-BRASIL. CATALOGAÇÃO NA PUBLICAÇÃO
SINDICATO NACIONAL DOS EDITORES DE LIVROS, RJ

M76

Monstros ou heróis? : os currículos que formam professores de educação física / organização Marcos Garcia Neira , Mário Luiz Ferrari Nunes. - 1. ed. - São Paulo : Phorte, 2016.
    23 cm.

    Inclui bibliografia
    ISBN 978-85-7655-620-6

    1. Educação física – Currículos. 2. Professores de educação física – Formação. 3. Prática de ensino. I. Neira, Marcos Garcia. I I. Nunes, Mário Luiz Ferrari.

| 16-33956 | CDD: 371.1 |
| | CDU: 37.011.3-051 |

---

ph2373.1

Este livro foi avaliado e aprovado pelo Conselho Editorial da Phorte Editora.

Impresso no Brasil
Printed in Brazil

Apresentação

Mário Luiz Ferrari Nunes e Marcos Garcia Neira

Desde o final do século passado, pesquisadores nacionais e estrangeiros têm chamado a atenção para a importância de melhor compreender os efeitos do currículo na constituição dos sujeitos. O início do novo milênio assistiu a ampliação desse interesse sobre o Ensino Superior de modo geral e, apenas recentemente, a formação de professores de Educação Física foi colocada em questão.

Em texto sugestivo, Neira (2009)[1] critica os currículos de licenciatura elaborados sem um questionamento mais amplo por parte da coletividade docente. Em síntese, aponta para os efeitos de uma construção curricular feita à revelia de estudos mais aprofundados quanto às epistemologias que constituem os conhecimentos do campo e os efeitos dessas escolhas frente às políticas de transformação social. Resumidamente, denomina "Frankenstein" tal modelo curricular. A alusão é fruto da analogia que estabelece com a obra clássica da ficção que marca o romantismo do século XIX, na qual o personagem que dá título à obra é construído por meio de uma bricolagem de partes de corpos de sujeitos distintos sem conexão entre si, cujo resultado só pode ser uma monstruosidade.

Na linha de argumentação do autor, um currículo elaborado sem critérios ou com critérios pouco debatidos é a origem de uma formação profissional equivocada que insere o futuro professor nas escolas munido de conhecimentos incoerentes entre si, no tocante aos subsídios de sua ação didático-metodológica. O resultado, segundo a argumentação, tem sido a dificuldade da atuação dos egressos diante da complexidade que caracteriza a escolarização contemporânea. A leitura desse texto vislumbra outros olhares para a questão da construção de currículos elaborados à própria sorte.

---

1 NEIRA, M. G. Desvelando Frankensteins: interpretação dos currículos de licenciatura em Educação Física. *Revista Brasileira de Docência, Ensino e Pesquisa em Educação Física*, Cristalina, v. 1, n. 1, pp. 118-140, Ago 2009.

Na ficção de Mary Shelley, o monstro é fruto da obra de seu criador: dr. Victor Frankenstein – um talentoso cientista que descobre os segredos da gênese da vida. Feito realizado, o criador dá vida a um ser e assusta-se com aquilo que produziu, negando sua criação e abandonando-o à própria sorte. A trajetória do monstro passa a ser a tentativa de sobreviver diante dos maus-tratos que as pessoas com as quais se depara lhe propiciam. Constantemente rejeitado, o monstro avista a possibilidade da convivência e da aprendizagem dos saberes humanos com um homem velho e cego. Alguém que não percebe a diferença da aparência da criatura. Porém, ao ser encontrado pelos filhos do velho homem, a criatura é novamente escorraçada e decide procurar seu cria-dor, atormentando-o e proporcionando a sua morte. Além do enredo, cabe destacar que em nenhum momento do texto a autora denomina a criatura. Foi a cultura popular que, ao longo dos anos, passou a chamá-la de Frankenstein. Afinal, esse era o nome de seu pai. Criador e criatura hibridizaram-se, impos-sibilitando distinguir quem é o monstro da história.

A palavra monstro tem sua origem no latim *monstrum*, que etimologica-mente significa aquele que revela, que adverte. Como revelação ou adver-tência, o monstro passa a ser a representação da perseguição, do mal que incomoda, irrita e questiona o criador. Ou seja, o monstro é o Outro. Na teorização cultural, o Outro é caracterizado por qualquer coisa que seja radicalmente diferente, qualquer coisa que em virtude dessa diferença pareça constituir uma ameaça real à própria existência da identidade, do padrão e da norma. Com isso, o Outro representa o oposto do planejado, do normal e do esperado. Ele se torna a diferença que incomoda e, ao mesmo tempo, aterro-riza os mecanismos de regulação na sociedade da homogeneização, porque ele pode resistir às suas formas de regulação. A diferença presente na figura instável do Outro é para o seu criador a perturbação de si mesmo e, ao mesmo tempo, pode ser a possibilidade da transformação, da validação da diferença e, por conseguinte, a crítica ao criador, à sua identidade. E tal diferença pode ser representada na figura do monstro. O monstro adverte, revela que se algo está errado é porque algo deve ser corrigido. Para tanto, ele deve ser captura-do, preso a qualquer tentativa de fuga.

Cohen (2000)[2] considera possível compreender as culturas a partir dos monstros que elas constroem. Uma das principais características do monstro reside em sua imortalidade, pois em termos ficcionais, ele sempre retorna independente da sua forma. Na sociedade, o monstro é aquele que resiste contra as formas dominantes de conceber o mundo. O monstruoso é capaz de oferecer um convite à norma para explorar novas possibilidades de ser e construir o mundo. Eis aqui o que o monstro revela. Mais ainda, a análise do monstro serve para escancarar os mecanismos de regulação que estabelecem as relações sociais e culturais, por conta disso, se torna tão terrível para a cultura dominante.

Os monstros, ainda segundo Cohen (2000),[2] são produzidos por meio dos discursos que determinam um padrão sobre o que se considera normal e estabelecem categorias normativas que atravessam a cultura e seus marcadores identitários de classe social, raça, etnia, gênero, sexualidade, nacionalidade, profissão etc. Qualquer desvio do padrão esperado converte-se na figura do Outro que deve ser corrigido ou até aniquilado. Quando o Outro resiste, é transformado em estranho, estrangeiro, monstro.

Podemos afirmar que, na análise curricular dos cursos que formam professores, o Frankenstein é o currículo-criador. Suas criaturas, os alunos-monstros, futuros docentes ou docentes em formação contínua, são as deformações do esperado. O monstro é puro efeito da máquina que o criou. Sendo assim, cabem ao currículo criador da monstruosidade algumas estratégias para apagar seu efeito. Ele pode tentar cercear qualquer possibilidade de sua existência e elaborar fronteiras discursivas e não discursivas que impeçam a presença do monstro e o incômodo causado. As práticas presentes no currículo-criador buscam o controle e a inescapabilidade de seus sujeitos. Como produção cultural, e não uma essência, o currículo Frankenstein tem medo de que suas criaturas – os discentes futuros docentes ou os docentes em atuação – revelem as práticas que os significaram, perturbem sua estabilidade normativa e que o façam mudar. Não à toa, na obra de Mary Shelley, o dr. Victor Frankenstein naufragou em desespero por conta das perdas que a presença do monstro acarretou à sua vida.

---

2 COHEN, J. J. A cultura dos monstros: sete teses. In: SILVA, T. T. (Org.). *Pedagogia dos monstros*: os prazeres e os perigos da confusão de fronteiras. Belo Horizonte: Autêntica, 2000.

Com a ajuda de Silva (2000),[3] pode-se dizer que, em tempos de luta por mudanças sociais e por imposições globalizantes de modos de ser produtivo e eficiente, a figura do monstro traz outras possibilidades para o jogo do poder cultural, pois ela "[...] expõe, agora no terreno propriamente cultural, a ansiedade que o ser humano tem relativamente ao caráter artificial de sua subjetividade" (Silva, 2000, p. 19).[3] Diante dessa premissa, pode-se afirmar que ser professor não é uma essência, tampouco a sua invenção ocorre em um processo linear e desejável. O professor é um ser artificialmente produzido por partes complexas, distantes e distintas entre si. Um estudo mais aprofundado pode fornecer elementos para compreender o modo como o currículo (qualquer que seja) cria os sujeitos de uma dada cultura (monstros ou não). Pode ajudar a compreender como o currículo da graduação e da formação contínua produzem a identidade do professor da Educação Física que atua ou atuará na escola.

Os discursos recorrentes acerca da formação docente enfatizam uma ambiguidade: de um lado reforçam que o professor pode ajudar a construir o futuro de um povo, com seu exemplo de sujeito digno e portador dos conhecimentos necessários à sociedade; por outro, ressaltam como a sua ineficiência representa uma forte ameaça para qualquer projeto nacional (Lawn, 2001).[4] O que se vê é o debate sobre a identidade do professor desejado e a carência de sua formação. Contudo, o que se diz com frequência é que faltam ações práticas na formação inicial que possam ajudar as futuras gerações a atuarem no mercado de trabalho com a eficiência performativa desejada. O progresso da nação seria, então, prejudicado por esses professores-monstros. Isso porque são seres de outro mundo, que resistem a um padrão universal de posse e transmissão de conhecimentos. Eles são a diferença, pois sofrem com a exclusão (consolidada com os discursos negativos sobre si) para se transformarem no monstro. Não é à toa que o debate se estende da graduação até a formação contínua.

---

3 SILVA, T. T. Monstros, ciborgues e clones: os fantasmas da Pedagogia Crítica. In: _____. (Org.). *Pedagogia dos monstros*: os prazeres e os perigos da confusão de fronteiras. Belo Horizonte: Autêntica, 2000.

4 LAWN, M. Os professores e a fabricação de identidades. *Currículo sem fronteiras*, v. 1, n. 2, p. 117-130, Jul/Dez, 2001.

Se na sociedade a figura do professor-monstro causa espanto, no laboratório de sua criação – o currículo da licenciatura e da formação contínua –, isso não é diferente. O que se encontra são os discursos dos criadores dos monstros, criticando suas próprias criaturas que, ao final, assim como o dr. Victor Frankenstein, não percebem como suas práticas pedagógicas, suas crenças, falas e enredos formam esse monstro diferente deles próprios. Incomodam-se com suas criaturas e tentam aniquilá-las definitivamente, elaborando novas práticas maquínicas que acabam por produzir novos efeitos, novas monstruosidades. Por mais que se tente anulá-lo, o monstro sempre retorna.

O medo da presença do monstro e as táticas para a sua regulação e controle podem ser explicados com o constante discurso da necessidade do investimento pessoal consolidado na formação contínua. Como o monstro pode ser muita coisa e muito grande, o seu aprisionamento imediato torna-se inviável. O discurso de formar-se de maneira constante pode ser a regulação que evitará que ele fique livre para atuar plenamente em sua monstruosidade. Essas táticas de captura, em alguma medida, o mantêm preso às correntes que o impedem de expressar as intenções e fragilidades do currículo-criador. Estratégias que acabam por gerar no monstro a própria culpa pela sua incompletude, afastando, temporariamente, o foco das tramas que o projetaram. E isso, sem dúvida, gera mais medo e mais fórmulas para que ele possa ser encapsulado. Diante de um eventual incômodo ao criador, manter o monstro sob rédeas pode ser uma tentativa de apagar sua diferença. Ofertam-se cursos de extensão e de pós-graduação, ecoam discursos da valorização de um perfil profissional ideal, enfatizam-se as ações individualizantes e mercantis, nas quais o investimento em si mesmo e a comercialização dos serviços educacionais consistem na máxima verdadeira. Sem contar os vários discursos sobre o como fazer, sem o comprometimento real de quem fala. Tudo isso para tentar conseguir amarrar o monstro em um único enredo.

Os professores universitários que criam suas criaturas também são efeitos do currículo que colocam em ação, são artífices e artifícios. Eles também são constituídos por partes distintas. Em tempos de hegemonia do pensamento neoliberal, alguns elementos do currículo decorrem da relação entre Estado, globalização e educação. O currículo e o professor-criador também são artefatos culturais.

A relação anunciada tem produzido, muitas vezes, a precarização, a proletarização e a mercadização do trabalho docente. Isso quer dizer que os professores-criadores atuam muitas vezes em uma estrutura organizacional que não permite um trabalho compartilhado com os colegas e que impede a construção de qualquer coisa sob o prisma do coletivo. Em geral, eles não têm disponibilidade e tempo para dar aos seus alunos e alunas a atenção necessária que permita conhecê-los melhor e assim promover um ensino pautado pelo diálogo. Também não têm tempo para pensar, debater e refletir sobre o trabalho que realizam. Eles vivem uma multiplicidade de funções. Assumem contratos de trabalho temporário e são convidados ou obrigados a desempenhar ações para as quais, muitas vezes, não estão preparados. Ensinar conteúdos com os quais não estão familiarizados, reconhecer o tipo de dificuldades de aprendizagem dos alunos, didatizar os conhecimentos que disponibilizam, avaliar o que ensinam, vivenciar o exercício de uma docência compromissada com as transformações sociais, entre outros elementos básicos da docência, sequer são objetos de reflexão.

Assim como seus pares do ensino básico, os docentes da licenciatura em Educação Física ou dos cursos de formação contínua encontram escassos momentos de desenvolvimento profissional. Além disso, também foram alcançados pela desvalorização da docência. O resultado é que a instabilidade do emprego e as condições salariais os levam, na maioria das vezes, a exercer outras funções, ou a ampliar a jornada de trabalho como forma de aumentar a renda familiar (Ball, 2002).[5] Obviamente, em alguma medida, os docentes que formam professores representam o monstro, mesmo que produzido por outros criadores.

Assim como o Frankenstein, os professores e os alunos lutam pelo controle de suas histórias pessoais. Isso quer dizer que, atualmente, os padrões universais da norma e da eficiência (determinados pelos ideais econômicos da produtividade) são produtores de monstros. E, em alguma medida, os criadores desses padrões representam o pensamento hegemônico que, por sua vez, estrategicamente, consegue atuar de diversas maneiras, criando formas

---

5 BALL, S. J. Reformar escolas/reformar professores e os terrores da performatividade. *Revista Portuguesa de Educação*, Minho, v. 15, n. 2, p. 3-23, 2002.

de governo que se tornam imperceptíveis e naturais. São os discursos universais que se incorporam na cultura e naturalizam as coisas em suas formas de representação.

As promessas de terror que os monstros expressam no interior das políticas de normatização hegemônica residem no fato de sua diferença ameaçar destruir a própria produção estabelecida por seus criadores. Ao destruir a diferença que seus criadores inventaram para constituir o monstro, os mecanismos de produção utilizados vêm à tona e são transformados em ruínas. Com isso, as correntes e as grades que permitiam o controle da fera se quebram e revelam, de fato, o verdadeiro monstro da história: o criador da diferença, o pai, dr. Victor Frankenstein, que aqui simboliza as regulações da sociedade globalizada encarnadas no currículo da formação inicial de professores. A caça aos monstros, nesse caso, não seria decorrente de sua diferença, mas da falta de diferença em relação aos seus criadores. Afinal, é comum a crítica dos professores formadores à incapacidade dos docentes que atuam no ensino básico, mesmo sem perceberem que os métodos empregados são exatamente iguais. Do mesmo modo que a sociedade hibridizou o criador e a criatura, formadores e formandos se hibridizam no currículo, artefato de que os monstros se apossam para a produção de um padrão natural de ser (Cohen, 2000).

Se há suspeitas sobre o monstro, se há ódio sobre suas ameaças à ordem, há também a inveja de sua liberdade. É aqui que surge o Ben 10, um herói capaz de resistir à deformação de sua criação, também monstruosa. O protagonista do desenho animado *Ben 10* é hábil para afastar outros monstros, os alienígenas que incomodam a ordem e a existência da normalidade. A diferença é que Ben 10 luta pela sua validação. Apesar de atuar na garantia da norma, da normatização e da ordem, o professor Ben 10 nada mais é do que outra monstruosidade.

Com formação variada quanto aos saberes para o exercício de uma docência na escola, academia, clube etc., o melhor que o professor pode fazer é assumir a posição de sujeito do Ben 10. Ben é um garoto capaz de transformar-se em vários alienígenas, cada qual com formas e poderes diferentes. O enredo da série gira em torno de ameaças extraterrenas. Diante de situações de risco, Ben pode assumir as formas de diferentes alienígenas para enfrentar cada perigo que se anuncia. Ben também é um monstro, é o herói-monstro. O interessante é que, muitas vezes, ele não consegue transformar-se no alienígena desejado, nem tampouco permanecer o tempo esperado no corpo que se transformou. O resultado é sempre inesperado, mais emoção – tal e qual uma aula, tal e qual o campo de exercício da docência. Diante do currículo Frankenstein o professor não é aquele que é, a Educação Física não é aquilo que se diz, a educação é mais do que se pensa e a escola é um campo minado no qual as instituições supranacionais, o Estado, a sociedade civil com seus diversos grupos e a igreja espalham armadilhas por meio de relações de poder e formas de resistência em que o professor só pode atuar no devir do Ben 10.

O que se quer dizer é que qualquer tentativa de fixação de identidades, seja ela a de professor de Educação Física, de aluno, de escola ou de educação, é uma ação política que busca essencializar significados e excluir qualquer possibilidade da presença inconveniente da diferença. Ben 10 ou qualquer outro herói-monstro imprevisível nos permite pensar formas estratégicas de afirmação da diferença e do borramento das fronteiras que insistem em fechar as experiências consideradas legítimas. É bom esclarecer que, além dos poderes do *ominitrix* (um relógio que lhe permite acionar os alienígenas), Ben é um menino de dez anos, mimado, arrogante e, pode-se dizer, sem grande repertório de conhecimentos. Sua casa é um trailer e sua família é composta pela prima e o avô. Os pais, assim como em muitas famílias contemporâneas, vivem em outro lugar e não têm tempo para o filho. Ben é pura diferença. Sua prima e seu avô, identidades subjugadas assim como o infantil Ben, são astutos, inteligentes e completam a equipe de heróis da diferença na solução dos problemas. Em verdade, ele nunca vence sozinho. Como se vê, a partir desses personagens, podemos metaforizar a construção de novas estratégias para as lutas cotidianas.

A motivação principal deste livro é não somente apresentar mas também discutir os elementos que contribuem para a constituição destas metáforas da formação para a docência na Educação Física: o monstro e o herói. Elas são parte da travessia realizada pelos membros do Grupo de Pesquisas em Educação Física Escolar da Faculdade de Educação da USP (GPEF) nos últimos dez anos. As investigações realizadas no campo da prática pedagógica criaram a necessidade de analisar a formação do professor. Além disso, os comentários pejorativos acerca do docente de Educação Física, ouvidos em reuniões, intervenções na escola e eventos científicos, sempre trouxeram incômodo. Era o momento de investigar as condições de enunciação desses discursos.

Na esteira de Foucault, Ball (2002) atenta para as novas formas de regulação sobre os modos de ser que o Estado, em sua reorganização, adquire para controlar as capacidades e qualidades do docente. Sua análise revela a pretensão de transformar os profissionais em sujeitos empresariais, que incorporam uma empresa do *eu*, tornando-os competitivos uns com os outros e, consequentemente, possibilitando o aumento de sua produtividade. Aqui se instaura o discurso do "fazer a diferença", "cuidar de sua vida profissional", "fazer o melhor", "o mercado selecionará os melhores", entre tantos que se ouvem diariamente. Enunciados por estudantes e professores, tais discursos circulam e colocam em ação os modos de ser desejados. A remuneração de acordo com os resultados, acompanhada da avaliação do desempenho profissional, políticas em voga também na esfera educacional, são consideradas pela grande maioria dos graduandos e docentes como pontos positivos e benéficos para a sociedade. Como se vê, as tecnologias impostas pelas reformas educacionais são mecanismos que contribuem para a fixação de identidades e a subjetivação dos sujeitos.

O presente livro cartografa esse processo, que, de múltiplas formas, busca a normalização e a regulação das identidades projetadas para a formação e o exercício da docência em conformidade com o ideário neoliberal.

O primeiro capítulo aborda as condições de emergência das relações entre a constituição do Ensino Superior privado e da Educação Física no Brasil, analisadas por Mário Luiz Ferrari Nunes. Diante da tessitura entre as políticas de Estado e as decorrentes da globalização, o autor mostra como as bases que consolidaram essa relação foram propícias para o fortalecimento tanto do setor privado na área como do pensamento neoliberal. Aqui é possível perceber as condições que marcam a presença de Frankenstein e Ben 10.

Seguindo o mesmo rastro, no segundo capítulo, Wilson Alviano Júnior aproxima as questões globais das locais. Enfoca o processo de construção de um currículo em uma instituição de Ensino Superior privado. A análise dos dados coletados indica que a força do pensamento neoliberal, marcado pelo empreendedorismo e investimento em si mesmo, prioriza aspectos individuais em detrimento dos aspectos que favoreçam a formação do egresso articulados com as transformações sociais em voga. Clarifica-se como se constrói o currículo Frankenstein.

No terceiro capítulo, Rubens Antonio Gurgel Vieira debruça-se sobre a história de vida dos professores formadores do setor privado. Destaca as condições que os constituíram como sujeitos da formação inicial. Diante de fatos e relatos narrados por protagonistas da docência, vislumbra-se as confusões de fronteiras em que vive o professor Ben 10.

As mudanças globais que incidem nas transformações atuais do Estado servem de ponto de apoio para as análises realizadas por Bruno Gonçalves Lippi no quarto capítulo. Em pauta estão as políticas públicas para a formação continuada. O capítulo demonstra como o casamento entre globalização e Estado se articulam para que o professor da rede pública elabore práticas educativas para a subjetivação dos alunos afeitas à lógica neoliberal da autorreferência. Pode-se observar uma outra ação do Frankenstein, reforçando o lado heroico do professor Ben 10.

Por fim, no quinto capítulo, Marcos Garcia Neira analisa o processo de tradução que alguns professores realizam em suas práticas pedagógicas após vivenciarem experiências formativas contra-hegemônicas. As análises tecidas produzem uma sólida argumentação, que indica que as metodologias tecnicistas, largamente aprendidas pelos professores em sua trajetória formativa, hibridizam-se com as novas concepções desenvolvidas, fazendo emergir a figura do monstro que, surpreendentemente, não se rebela, ao contrário, sucumbe à sedução do criador, eximindo-o de qualquer responsabilidade pelas mazelas e dificuldades que vive na docência.

Sem qualquer pretensão de esgotar o assunto, as cartografias disponíveis nesta obra tiveram por intenção produzir outras visibilidades e outras dizibilidades acerca da formação inicial e continuada para a docência em Educação Física.

Boa leitura!

Sumário

17   O mapa do território do Ensino Superior e da formação em Educação Física: emerge o criador
Mário Luiz Ferrari Nunes

47   Formação inicial em Educação Física: análises de uma construção curricular
Wilson Alviano Júnior

79   Ensino Superior, Educação Física e identidade(s) docente(s): da alquimia à solidão
Rubens Antonio Gurgel Vieira

111   Por uma mudança de paradigma na formação contínua de professores: indicadores para a construção de uma alternativa crítica
Bruno Gonçalves Lippi

153   Os currículos que formam professores de Educação Física: a paixão pelo inimigo
Marcos Garcia Neira

171   Sobre os autores

O mapa do território do Ensino Superior e da formação em Educação Física: emerge o criador

Mário Luiz Ferrari Nunes

Introdução

É recorrente na teorização cultural a noção de que as transformações na vida local estão intimamente ligadas com a vida global. Dentro disso, o sistema universitário sofre transformações no plano internacional que incidem em mudanças no plano nacional. Ao que tudo indica, a universidade ruma em direção a um sistema diversificado: a educação terciária.[1] Sob a interferência da globalização, do neoliberalismo e de órgãos supranacionais na definição das políticas educacionais no mundo, essas mudanças visam à formação de um sujeito em acordo com as exigências atuais do mercado: produtivo, consumista e responsável socialmente. Essa meta faz com que as reformas em voga no sistema universitário e nos currículos de seus cursos tendam a funcionar como instrumento de regulação social. Elas se constituem em um esforço organizado que mobiliza um complexo de práticas e saberes para a

---

1 A educação terciária refere-se ao nível de estudos realizados após a educação básica ou ao ensino secundário. Nos países ricos, as universidades modificaram sua origem de centros de formação, educação e pesquisa e passaram a desempenhar três funções: órgãos executores da política científica estatal, centros de formação profissional e instituições sociais. Dessa nova formatação surgiram complexos sistemas de ensino que atendem a milhões de estudantes de origem social, condições econômicas, nível de escolarização variados e interesses diversos, e que visam a prepará-los para tornarem-se trabalhadores mais flexíveis, eficientes e multifuncionais. A educação terciária subdivide-se em instituições de educação superior (universidades, instituições politécnicas e *colleges* – cursos genéricos, parcialmente a distância, públicos e privados) e em uma variedade de outras escolas superiores, voltadas à educação continuada, ao trabalho, ao mercado ou ao treinamento profissional (Neves, 2003; Barreto e Leher, 2008).

produção das identidades em busca de uma homeostasia social, afirmando a performatividade, o individualismo, o lucro e a competitividade como os únicos objetivos possíveis de vida.

No Brasil, as propostas de diversificação do sistema de Ensino Superior estão em um jogo de avanços e recuos. Esse jogo configura-se em um processo de significação pelo que seja esse espaço de formação dos sujeitos e sua função social. Os debates são intensos e perpassam a resistência às mudanças a partir dos setores conservadores da universidade, o questionamento a quem serve o trabalho intelectual de produção do conhecimento humano, o atendimento às demandas da população e da sociedade e se suas formas de organização e produção devem ou não ser reguladas. Entender essas lutas e as transformações decorrentes incide no entendimento da constituição do Ensino Superior brasileiro e dos mecanismos que operam dentro dele novas formas de regulação dos sujeitos.

Do mesmo modo, a Educação Física vem passando por alterações sistemáticas. Em termos globais, os discursos (biológicos, sociológicos, estéticos etc.) sobre o corpo têm gerado a produção de novos conhecimentos e, por conseguinte, novas formas de regulação das populações. Em termos locais, a partir da abertura política que ocorreu no Brasil nos anos 1980, um amplo debate foi travado na área em busca do alinhamento de suas funções sociais com as demandas sócio-históricas. O resultado, ainda não consolidado, tem sido a demarcação de fronteiras em torno da divisão de territórios em suas diversas áreas de atuação. Nesse bojo, há de um lado a discussão acerca da instauração na formação inicial de um currículo técnico-científico em detrimento do currículo desportivo, característico do período anterior. Aqui o que se busca é o reconhecimento da área enquanto produtora de ciência no interior da universidade. Do outro lado, encontra-se o entrave da formação profissional assentada na dicotomia licenciatura-bacharelado. No seu interior, os debates incidem sobre a dúvida quanto ao foco de uma formação para a atuação na busca de uma sociedade democrática em todos os segmentos ou pautada apenas na lógica competitiva do mercado de trabalho. O que se pode afirmar é que essas transformações implicam mudanças na formação dos graduandos, logo, na constituição de novas identidades.

Nessa trilha, a Educação Física e o Ensino Superior se entremeiam. Afinal, a primeira, apesar de suas particularidades, é dependente das políticas e enredos em que se insere o segundo, e ambos dependem das contingências sócio-históricas em que se inscrevem.

Este capítulo apresenta um esforço para a compreensão dessa trama. Ele decorre de uma pesquisa acerca das implicações de um currículo para a formação docente na Educação Física, gestado em uma Instituição de Ensino Superior (IES) privada a respeito de seus sujeitos (Nunes, 2011). O texto costura a constituição do Ensino Superior brasileiro com algumas nuances da trajetória da Educação Física no Ensino Superior com a intenção de indicar o seu legado no fazer dos currículos que se estruturam sobre a lógica neoliberal.

O Ensino Superior e a formação em Educação Física

A formação do Ensino Superior no Brasil apresenta uma trajetória conflituosa desde seus primórdios. Nos três primeiros séculos de nossa história, só existiam faculdades isoladas, a maioria organizada por instituições religiosas. O Ensino Superior não religioso e centralizado no Estado começou apenas com a chegada da corte portuguesa e a transferência da sede administrativa da metrópole para o Brasil. Suas metas voltavam-se à formação profissional para atender a organização da nação que surgia. Adiante, a Constituição de 1891 descentralizou o Ensino Superior, delegando-o também aos governos estaduais. Além disso, permitiu que ele fosse organizado por instituições particulares, tanto as confessionais de ordem católica como as organizadas pelas elites locais. A instauração de uma universidade só veio a ocorrer em 1920, com a criação da Universidade do Rio de Janeiro, embora na prática fosse apenas um conglomerado de faculdades, algumas já centenárias (Sampaio, 2000).

Também é importante realçar que os primeiros presidentes da República, ao reconhecerem as faculdades públicas e privadas em todo o território nacional, permitiram que a aristocracia substituísse seus títulos nobiliárquicos por títulos acadêmicos. Para Cunha (2007), essa ação permitiu, e ainda permite, o tratamento deferente aos "doutores". Procedimento que institui relações assimétricas no interior das salas de aula, quer seja na transmissão de valores, na imposição de saberes, na deliberação de disciplinas sem questionamento ou na legitimação de especialistas e currículos.

Apenas na década de 1930, durante o governo Vargas, foram estabelecidas normas para a organização do Ensino Superior (Estatuto das Universidades Brasileiras – Decreto n. 19.851/31, vigente até 1961), que permitiam a manutenção das universidades pelo Estado e por fundações ou associações privadas, o que não significava gratuidade aos frequentadores. Para Barreyro (2008), essa matriz de origem do Ensino Superior (universidade/instituto isolado; poder público/iniciativa privada) mostra as duas facetas que perduram até hoje.

O período ficou marcado por uma série de reformas que tinham por objetivo romper com o exercício de poder das oligarquias e incorporar outros setores sociais no desenvolvimento socioeconômico do país. Em 1939 foi fundado na Universidade do Rio de Janeiro o primeiro curso de Educação Física ligado a uma universidade[2] (à época Universidade do Brasil, hoje UFRJ – Universidade Federal do Rio de Janeiro), por meio do Decreto-Lei n. 1.212. O decreto possibilitava uma formação diferenciada para os seguintes profissionais: instrutor de ginástica, instrutor de ginástica normalista, médico especializado em Educação Física e técnico em massagem técnico-desportiva. Nesses casos, a formação dava-se em um ano, enquanto o curso para professor de Educação Física durava dois. Ou seja, desde o início da formação profissional na área, existe a preparação para atuar em vários segmentos. No caso do magistério, o que se tinha era a formação de técnico generalista com o compromisso de educar (Souza Neto et al., 2004).

Outro dado relevante diz respeito ao interesse do regime autoritário de Vargas pela introdução da Educação Física nas escolas com vistas à forma-

---

2 A trajetória dos cursos de formação profissional de Educação Física segue a seguinte cronologia: em 1909, é criada a Escola de Educação Física da Força Pública de São Paulo; em 1914, funda-se a Liga de Esportes da Marinha; em 10 de janeiro de 1922, cria-se o Centro Militar de Educação Física, ligado à Escola de Sargentos da Infantaria; em 19 de outubro de 1933, o Centro Militar de Educação Física transforma-se na Escola de Educação Física do Exército – considerada pelos historiadores da área *célula--mater* da Educação Física brasileira e a primeira instituição a aceitar civis; em 1934, a primeira escola civil de Educação Física é criada pelo Governo do Estado de São Paulo (Betti, 1991; Benites, Souza Neto e Hunger, 2008).

ção de um sentimento nacionalista. Tornada obrigatória pela Constituição de 1937, que enaltecia o vigor físico e o comportamento moral orientado na ética do trabalho, Educação Física virou condição para a construção de uma nação centrada no crescimento e no desenvolvimento. Na intenção de se produzir um certo sujeito,[3] o currículo[4] assentava-se em bases biológicas anátomo-funcionais (Betti, 1991).

Os primeiros passos do Ensino Superior brasileiro fortaleceram uma concepção de ensino centrado na aplicação profissional que, segundo Cunha (2007), impedem ou protelam mudanças nos cursos e na organização das IES. Basta verificar que o setor privado, em oposição ao setor público, tem se aproveitado do "modelo napoleônico"[5] para organizar sua estrutura administrativa e curricular, centrada no aspecto prático profissional, tomando como base determinados discursos que mencionam os anseios de muitos jovens oriundos das classes populares. O que se propaga é que essa parcela da população vê na formação superior a oportunidade de compensar as deficiências da educação básica pública e obter um título universitário que lhe possibilitará a ascensão social mediante a ocupação de postos qualificados no mercado de trabalho.

Após o fim do Estado Novo e o pós-guerra, o Brasil viveu um processo de transformações sociais, políticas e econômicas. Esses acontecimentos, decorrentes dos anos dourados do desenvolvimentismo (investimento de capital e ingresso de empresas estrangeiras, industrialização, urbanização crescen-

---

3 A questão do controle dos corpos caracteriza de forma diferenciada a prática pedagógica da Educação Física em diversos currículos ao logo da sua história. A relação entre currículo e constituição de identidade na Educação Física pode ser vista em Nunes e Rúbio (2008).

4 O Decreto-Lei n. 1.212 – de 17 de abril de 1939, instaura o curso de Educação Física. As disciplinas que compunham o quadro do Decreto marcam presença nos dias de hoje, tanto no currículo investigado como em outros apontados por diversos estudos. O curso mantém, com algumas alterações nos conteúdos, as seguintes disciplinas: Anatomia, Fisiologia, Cinesiologia (incorporada na disciplina de Biomecânica), Biometria (incorporada na disciplina de Medidas e Avaliações), Socorros de Urgência, Psicologia, Organização da Educação Física, História da Educação Física (hoje Caracterização Profissional da Educação Física), Ginástica Rítmica (Ensino Aprendizagem da Ginástica Escolar e Ensino Aprendizagem da Ginástica), Desportos Aquáticos, Desportes Terrestres individuais e coletivos (Ensino Aprendizagem da Natação Escolar, da Natação, do Atletismo, do Futebol, do Basquete, do Handebol e do Voleibol).

5 A corte portuguesa sofria influência significativa da cultura francesa, que, por extensão, passou a ser o padrão da organização da vida cultural no Rio de Janeiro, capital da metrópole. As primeiras faculdades brasileiras seguiram o modelo napoleônico de universidade, o qual se caracteriza por organizar-se em faculdades isoladas, visando à formação especializada e profissionalizante, além de desfrutar de pequena autonomia frente aos poderes políticos.

te, processos migratórios, ascensão social das classes médias etc.), geraram maior demanda por vagas em todo o sistema educacional. Ainda nesse período foram constituídas as primeiras universidades católicas, muitas delas subsidiadas pelo financiamento público, e ampliaram-se as faculdades isoladas.

Barreyro (2008) expõe que, até os anos 1960, a demanda por vagas no Ensino Superior gerou um aumento desordenado de instituições isoladas, contrapondo as expectativas populares de maior oferta de universidades públicas. Mesmo com a Lei de Diretrizes e Bases (LDB) de 1961, que definiu as normas de autorização e reconhecimento das IES, as demandas não foram atendidas. Entre 1964 e 1968 cresceu a busca por vagas na universidade por parte da classe média, desejosa por ascensão social via formação em nível superior, e das pessoas oriundas dos cursos profissionalizantes médios, o que desencadeou a chamada crise universitária.

O governo da época solicitou a um consultor estadunidense a implementação de um modelo empresarial (acordo MEC/Usaid) para estruturar administrativamente as universidades. Dentre as características básicas, merece destaque o fato de a concepção adotada enfatizar o vínculo linear entre educação e desenvolvimento econômico, isto é, um compromisso explícito com o mercado de trabalho. Eis o princípio da reforma instituída em 1968, mesmo ano que entra em vigor o Decreto AI-5.[6] Promulgada pela Lei n. 5.540/68, determinava que os estabelecimentos isolados somente poderiam funcionar em casos excepcionais, negando conceitualmente a formação de instituições de Ensino Superior diferenciadas. Em contrapartida, indicava que a expansão deveria pautar-se no modelo de universidade, no qual se privilegiava a estrutura de departamentos, a extinção das cátedras, o princípio da indissociabilidade do ensino e da pesquisa, além de introduzir o programa de pós-graduação *stricto sensu* de trabalho e formação acadêmica. Além disso, a reforma derivou em diretrizes que reforçavam a linguagem tecnicista e empresarial como eficiência, eficácia, produtividade etc. (Fávero, 1994).

A reforma, apesar de atender algumas das reivindicações dos estudantes da década anterior, não resultou no esperado. A concepção de homogeneidade

---

6 Ato institucional que cerceou direitos políticos e civis e perseguiu professores e estudantes.

do modelo não se concretizou. Com o aval do Conselho Federal de Educação (CFE), constituído pela LDB de 1961, manteve-se o sistema de instituições isoladas, federações de escolas e faculdades mantidas pela iniciativa privada, confessional ou comunitária, sem qualquer intenção ou até mesmo qualificação para a pesquisa. A manutenção/ampliação do sistema privado de Ensino Superior ocorreu mediante a justificativa da necessidade de atender prioritariamente à elevada demanda social por vagas.

A lógica da reforma atendeu às elites e aos empresários do setor, e se constituiu em acordo com o modelo socioeconômico do governo militar. Ao ampliar o acesso ao Ensino Superior, o governo estabeleceu uma estratégia importante de reprodução e ampliação da classe média, garantindo um valioso mercado consumidor no modelo de desenvolvimento econômico associado ao capital internacional e fonte de legitimidade do regime militar-autoritário (Barreyro, 2008).

O efeito dessa política foi visível. O número de matrículas saltou de 278.295 em 1968, para 1.377.286 em 1980 (MEC/Inep, 2000, apud Barreyro, 2008). No caso da Educação Física, em relação a 1970, o número de licenciados aumentou 445% em 1975 e 346% em 1977 (Betti, 1991). Ou seja, a Educação Física expandiu-se no momento de massificação de um Ensino Superior privado e técnico-instrumental.

O Parecer CFE 894/69 estruturou um novo currículo para a formação de professores e técnicos de desportos. A nova proposta estabeleceu um curso de três anos para a graduação com uma carga horária mínima de 1.800 horas-aula. Além de cursar as matérias obrigatórias do currículo mínimo recheado de disciplinas médicas, o futuro professor deveria especializar-se em uma ou duas modalidades esportivas. Com isso, os saberes da formação inicial fortaleceram a dimensão biológica e técnica da Educação Física com algumas pinceladas de estudos do processo pedagógico (Souza Neto, 1999). Foi nesse modelo curricular que o aspecto bio-psico-social foi incorporado aos discursos da Educação Física, enfatizando o valor educativo do jogo.

Por sua vez, as formas de controle e os discursos presentes na linguagem tecnicista e empresarial subordinaram o curso ao sistema esportivo, transformado, então, em razão de Estado. O esporte passou a ser confundido com

Educação Física.[7] Como a crise universitária foi vista com conotação política, a disciplina tornou-se obrigatória em todos os níveis de ensino, inclusive no superior. A prática teria a finalidade de impedir qualquer contestação ao sistema por parte dos estudantes, raciocínio que se estendeu a toda escolarização. Ou seja, suas finalidades centravam-se no controle da população, tendo em vista a constituição de uma determinada identidade nacional.

Outro efeito da grande expansão do sistema nessas duas décadas foi a contratação de professores recém-formados para ministrarem aulas nas instituições isoladas, cujas turmas eram cada vez mais numerosas. Para Silva Jr. e Sguissardi (2001), essas características teriam contribuído para a baixa qualidade da formação no período. Na estrutura do Ensino Superior atual, esses efeitos permanecem e incorporam o professor multifuncional – aquele que atua em algum segmento específico da profissão, muitas vezes sem nenhum vínculo com a pesquisa, cuja presença no Ensino Superior visa a contribuir com saberes pragmáticos mais próximos à realidade de mercado.

Quanto ao modelo de formação, outro dado relevante refere-se ao fato de que o primeiro programa de pós-graduação *stricto sensu* na área da Educação Física é consolidado apenas na década de 1980.[8] Para Canfield (1988, apud Gebara, 1992), a priorização das instituições isoladas deixou a pesquisa à revelia em função das dificuldades de instalação.

A expansão do Ensino Superior foi promovida pela iniciativa privada, não confessional, com o apoio do Estado e fora dos grandes centros urbanos. O movimento fez com que empresários de instituições privadas do então primeiro e segundo graus ampliassem seus negócios para o Ensino Superior, estabelecendo novas entidades com objetivos meramente comerciais. Além disso, produziu-se um "sistema dual": as grandes universidades de um lado e as faculdades isoladas de outro.

---

7 A presença do esporte na Educação Física formulou mudanças em seu interior desde o início do século XX. A partir do Segundo Pós-Guerra, o ensino esportivo ganhou forças e tornou-se hegemônico com a reforma de 1968 e com a elaboração de políticas públicas para o setor.

8 Os primeiros cursos de Mestrado em Educação Física são datados de 1977 e 1979, promovidos pela Universidade de São Paulo e Universidade Federal de Santa Maria (RS) respectivamente. Os cursos de Doutorado surgiram nas mesmas instituições em 1989 e no início dos anos 1990 respectivamente. O Colégio Brasileiro de Ciência do Esporte (CBCE) é fundado em 1978. Trata-se do principal órgão de divulgação científica da área (Vaz e Carballo, 2003).

Duas análises da descrição dos indicadores acima realizadas por Silva (2008) merecem destaque: no período, as instituições privadas de Ensino Superior passaram a funcionar como acessório do sistema público e, via de regra, em um sistema patrimonialista; até hoje não são claras as formas de concessão ou credenciamento para o funcionamento dessas instituições e não são visíveis as classes sociais que delas se beneficiam.

Estudos atuais acerca do processo de expansão do Ensino Superior privado indicam que, embora a ampliação desse setor e de outros não seja puramente territorial, a relação entre as elites locais e as globais realça as contradições do novo imperialismo. Concretamente, "a mão invisível do mercado" não consegue dar conta das transformações em curso. A luta por hegemonia coloca em jogo interesses antagônicos. Não é segredo que frações das elites locais atuam no setor de maneira sólida e com representatividade decisória nas esferas oficiais. Mesmo diante de pressões globais, seus interesses abarcam concessões vantajosas para os seus investimentos, como, por exemplo, novas formas de isenções tributárias e a manutenção/ampliação das modalidades de Ensino Superior.

A relação entre as ações globalizadas e aquelas que acontecem em contextos locais (*glocalização*) produz políticas híbridas, logo, uma diversidade política. Se por um lado naturaliza-se a educação terciária, por outro, a política local recontextualiza o novo *gerencialismo*.[9] Isso significa que os governos locais não implantam as cartilhas impostas pelos órgãos internacionais sem negociações com os objetivos e os interesses da elite local. O resultado disso é a construção de outros significados para o Ensino Superior e, por conseguinte, se estabelece no Brasil um quadro societário bastante peculiar.

O Conselho Nacional de Educação, antigo Conselho Federal de Educação, é constituído também por representantes do ensino privado, que, respaldados pela demanda de vagas e o excedente do vestibular, fez valer seus interesses, abrindo brechas na legislação. No final da década de 1980, algumas faculdades isoladas e federações de escolas tornaram-se universida-

---

9 Ball (2005) explana que o novo gerencialismo instaura uma atitude e uma cultura nas quais os trabalhadores se sentem responsáveis pelo bem-estar da organização e o gerente atua visando o bem econômico em detrimento do investimento político e social. No interior do sistema empresarial competitivo, a eficácia prevalece sobre a ética e a ordem sobre a ambivalência.

des privadas e, posteriormente, mediante a Constituição Federal de 1988 e depois a Lei de Diretrizes e Bases da Educação Nacional (LDBEN) 9.394/96, tiveram sua autonomia outorgada (Barreyro, 2008).

Essas conquistas permitiram às universidades do setor privado abrir e fechar cursos conforme a demanda do mercado. A Constituição de 1988 garantiu que recursos públicos pudessem ser direcionados às escolas comunitárias, confessionais e filantrópicas. A LDBEN 9.394/96, por sua vez, permitiu a criação de instituições universitárias privadas *stricto sensu*.

Nos anos 1990, o governo brasileiro promoveu reformas educacionais em todos os níveis da educação. Essas mudanças estratégicas eram parte do processo de reformas estruturais mais amplas, implantadas no cenário da globalização, no qual o Estado devia executar novas funções e estratégias administrativas de modo a aumentar sua eficiência e capacidade de regulação com gastos menores. Dentro da lógica das políticas neoliberais,[10] o Estado brasileiro recorreu ao modelo de privatização das empresas estatais como meio para suprimir o déficit público, abortando qualquer tentativa de resolver a situação com um projeto mais amplo de país.

Mediante os discursos da ineficiência do Estado para gerir e atuar também nos setores sociais, o setor privado foi chamado a assumir parcerias e até algumas das funções do Estado como saúde, previdência privada, segurança, educação etc. Desde então, o que se vê é uma massiva transferência de responsabilidades para o mercado privado, atendendo, no entanto, apenas a uma parcela de indivíduos das classes ascendentes e às classes média e alta. Para aqueles que não podem arcar com a fatura, restam os serviços ineficientes do Estado e seus programas de caráter emergencial. Durante a gestão do presidente Fernando Henrique Cardoso, o processo de privatização foi acelerado e o Estado adotou uma administração pública de caráter gerencial e flexível, voltada para o atendimento do cidadão consumidor e para o controle de resultados. Dava-se naquele momento o pontapé inicial para o jogo da comodificação e mercantilização de áreas como a educação, que se tornavam sujeitas à lógica econômica.

---

10 A política neoliberal e o processo de reestruturação do Estado foram iniciados durante o governo Fernando Collor de Melo (1990-1992) e intensificados a partir de 1995, com o governo Fernando Henrique Cardoso (1995-2002).

O Brasil se inseriu definitivamente na ordem da economia transnacional, na qual a economia local funciona como uma unidade da economia mundial e os Estados-nações são forçados a ajustar as economias internas às dinâmicas da economia global, que é desregulada. A estratégia de convencimento afirma que esse modelo é o melhor para todos. Isto é, o Estado passa a ser incompetente e a lógica do mercado torna-se capaz de resolver as mazelas sociais. Como consequência, o Estado fica subordinado à economia.

Frente à emergência da reestruturação da economia mundial, a luta passa a ser a derrubada das diferentes barreiras internas nos diferentes setores econômicos. A educação se insere nesses setores, principalmente pelo fato de ela ser construtora da identidade nacional (Stoer, 2002). O que de fato contribui para a negação de processos de transnacionalização. Nessas mudanças, tudo deve ser mercadizado, inclusive o conhecimento.

Enquanto bem público, a educação superior brasileira também sofreu forte pressão pela democratização de acesso e expansão do sistema. A universidade passou a ser desafiada tanto pelo Estado como pela sociedade mais ampla para reorganizar suas funções. Foi questionada como espaço privilegiado de produção do conhecimento ao mesmo tempo em que reivindicava maior autonomia frente à crescente submissão de suas pesquisas aos critérios de eficácia e de produtividade (Souza Santos, 2010).

Decorre do cenário dessas reformas maior crescimento do setor privado no Ensino Superior, novamente sob a justificativa da necessidade de atender à demanda por vagas. Se na reforma de 1968 a questão era o fortalecimento da classe média, na da década de 1990 o lema era a superação da pobreza. Essa meta, estabelecida pelos organismos internacionais, determinava os objetivos que os países em desenvolvimento deveriam atingir também quanto à educação. Isso fez com que órgãos como Fundo Monetário Internacional (FMI), Banco Interamericano de Desenvolvimento (BID), Banco Mundial (BIRD), Organização de Cooperação e de Desenvolvimento Econômico (OCDE), Comissão Econômica para a América Latina e o Caribe (Cepal) entre outros, de forma indireta, assumissem o papel de ministérios de educação, sobretudo no caso dos países em desenvolvimento, interferindo (implementando) nas políticas públicas na área da educação básica e superior (Maués, 2003). Em 1994, o BM publica o primeiro de uma série de quatro documentos[11] para que os países, em sua dependência financeira, promovessem a inserção de grupos desprivilegiados economicamente no Ensino Superior. No entanto, essa inserção deveria ser feita por meio de treinamento profissional aligeirado e programas de aprendizagem de baixo custo (Barreto; Leher, 2008). Em termos práticos, essa adequação da mão de obra aos tempos da sociedade do conhecimento gerou a criação de cursos de formação para tecnólogos.

De forma acelerada, diversas faculdades integradas já existentes tornaram-se universidades por meio do credenciamento oficial, o que permitiu expandir o número de cursos no segmento, além de estimular a inauguração de novas instituições privadas. Interessante realçar que a grande maioria das universidades comunitárias[12] teve o início do funcionamento de seus cursos entre as décadas de 1930 a 1960; apenas cinco começaram suas atividades nos anos 1970 e nenhuma nas décadas posteriores. Por outro lado, as universidades privadas, que possuem caráter meramente empresarial e visam ao acúmulo de capital, tiveram no período compreendido entre o início da década de 1980 e meados dos anos 1990 o auge de sua expansão. No primeiro quinquênio, por exemplo, foram reconhecidas 18 universidades (Oliveira, 2006).

Entre 1994 e 2002, enquanto o Estado diminuía o seu tamanho, orçamento e os serviços que oferecia nesse e em outros setores, o Ensino Superior privado crescia. Em 1994, das 851 IES, 192 (22,5%) eram públicas e 659 (77,5%) eram privadas. Em 2002, das 1.637 IES, 195 (11,9%) eram públicas e 1.442 (88,1%) eram privadas. Há de se destacar que pelo Decreto n. 2.306/97 foram reconhecidas as IES privadas com fins lucrativos (empresas comerciais). Esse foi substituído, em 2001, pelo Decreto n. 3.860/01,

---

11   1994 – *Educação Superior: as lições da experiência*; 2000 – *Educação Superior nos países em desenvolvimento: perigo e promessas*; 2002 – *Construindo sociedades do conhecimento: novos desafios para a educação terciária* e 2003 – *Educação permanente na economia global: desafios para os países em desenvolvimento*. Para uma melhor análise dos documentos ver Sguissardi (2006) e Lima (2007).

12   A configuração atual do sistema de Ensino Superior brasileiro organiza-se em universidades públicas e privadas. Sendo que tanto o setor público como o setor privado são compostos por universidades e faculdades com características distintas e peculiares. O ensino privado, por exemplo, é separado em duas categorias. A primeira contém as universidades comunitárias, que são sem fins lucrativos, nas quais se inserem as entidades confessionais (católicas e metodistas) e as públicas não estatais. Na segunda, encontram-se as instituições com finalidades empresariais.

que desobriga as IES privadas com finalidades lucrativas de demonstrar sua movimentação financeira – isso ficou restrito às instituições filantrópicas (Sguissardi, 2006).

Em relação à oferta de cursos, em 1997 havia aproximadamente 2.500 cursos de graduação nas instituições públicas e o mesmo número nas privadas. Em 2003, o número de cursos nas instituições privadas saltou para 10.791 e o das públicas para 5.662. Os dados indicam que nesse ano surgiram de cinco a seis novos cursos a cada dia, sendo que 4,5 deles foram criados no setor privado (Dias, Horiguela e Marchelli, 2006). Em relação ao número de matrículas no mesmo período, os dados indicam um aumento total de 109%, o do setor privado foi de 150%, três vezes maior que o do setor público, que foi de apenas 52%. Cabe registrar, ainda assim, que o principal aumento no setor público se deu na esfera estadual. O setor privado, que, em 1994, concentrava 58% das matrículas, em 2002 já concentrava 70% (Sguissardi, 2006). Em 2007, três entre quatro estudantes universitários estavam matriculados no sistema privado, que alcançou em uma década o crescimento de 275,5% (MEC/Inep, 2007, apud Barreyro, 2008). O Censo de 2007 informa que o Brasil tem 4,8 milhões de estudantes em nível de graduação, matriculados em 2.281 IES, sem contar a educação a distância e a tecnológica. Dessas instituições, 86,7% do total (1.978) são constituídas por faculdades integradas, faculdades isoladas e ISE, representando 32% das matrículas (MEC/Inep, 2007, apud Barreyro, 2008).

No caso da formação em Educação Física, Alviano Júnior (2011) informa que, apenas na região da Grande São Paulo, as IES privadas disponibilizam aos ingressantes mais de 5 mil vagas. Com base em dados do Censo da Educação Superior de 2006, o pesquisador relata que, em 2006, 746 cursos de Educação Física em todo o país estavam credenciados, sendo 274 oferecidos por IES públicas (36,7%) e 472 por IES privadas (63,3%). O oferecimento dos cursos de licenciatura em Educação Física pelas instituições particulares representa pouco mais de três quartos do total de cursos oferecidos, enquanto os cursos de bacharelado oferecidos pelas instituições particulares chegam a quase 90% do montante disponibilizado. Ou seja, as instituições privadas formam a maioria absoluta dos profissionais da área.

Os dados e as análises apresentados explicam as controvérsias quanto a organização e finalidades do Ensino Superior, pois nele se confrontam os fins públicos da educação e os interesses particulares dos proprietários das instituições privadas. Segundo Schwartzman e Schwartzman (2002), o Ensino Superior privado representa uma indústria de aproximadamente 10 bilhões de reais anuais, ocupando cerca de 200 mil pessoas, dos quais 115 mil professores, além de ser responsável pela formação de dois terços dos profissionais de nível superior do país. Os diversos indicadores apresentados demonstram que o Ensino Superior privado brasileiro é um setor forte da economia. Para Maués (2003), os números da educação cada vez mais têm atraído o interesse da iniciativa privada em vista do montante de recursos que representam. Atualmente, empresas internacionais do setor têm comprado faculdades e conglomerados, além de transformá-las em capitais vendáveis na Bolsa de Valores.

Frente a esse montante, entrecruzam-se os interesses das instituições privadas de natureza confessional e comunitária com as de natureza claramente empresarial. Nesse jogo, as primeiras, devido à sua função social, reclamam subsídios públicos. As segundas, por sua vez, clamam por uma liberdade empresarial absoluta do setor privado. A crítica é contra quaisquer ações do Estado que regulem a provisão de serviços do setor e o controle sobre a qualidade dos serviços prestados. O que tem gerado iniciativas de controle e regulação por parte das IES privadas sobre seus alunos com vistas ao desempenho acadêmico, visto que este é um dos pontos que permitem a manutenção do seu credenciamento[13] mediante o alcance de escores mínimos. Daí se infere que a mercadização da educação corrobora para que o Estado provedor seja substituído pelo Estado avaliador (Ball, 2004).

Como parte das reformas do Ensino Superior e em acordo com as mudanças mundiais desse setor, o artigo 45º da LDB em vigor permitiu a diversificação das instituições. O Decreto n. 2.306/97 tornou possível a criação de diferentes organizações acadêmicas regulamentadas para atuar no segmento, entre elas, as faculdades, as faculdades integradas, os institutos e as escolas

---

13 Essa questão é decorrente dos exames externos de avaliação.

superiores cujo funcionamento independe do compromisso com pesquisa e extensão. Já os centros universitários, criados a partir do Decreto n. 3.860/01, gozam de alguma autonomia universitária para criar, organizar e extinguir cursos, assim como remanejar ou ampliar vagas sem a autorização prévia do Ministério da Educação. Os centros universitários não precisam manter o ônus da indissociabilidade entre ensino-pesquisa e extensão, que é mais cara (Barreyro, 2008). Com os arranjos da lei, essa outra modalidade de instituição se caracteriza pela oferta de ensino de graduação de excelência, pela comprovação da qualificação do seu corpo docente e pelas condições de trabalho acadêmico oferecidas à comunidade escolar. O Brasil conta com 123 centros universitários, representando 5,3% do total de IES e 14% das matrículas de graduandos (MEC/Inep, 2007, apud Barreyro, 2008).

A expansão do Ensino Superior enreda em uma teia grupos culturais com histórias distintas, diferentes modos de vida e intenções variadas quanto ao seu próprio desenvolvimento. As novas imposições formativas para a população se enquadram naquilo que Hall (1997) denomina as revoluções da cultura. Para o autor, inserir grande parcela de sujeitos em um mesmo discurso – promovidos em nível global –, pode causar impactos significativos sobre os modos de viver desses sujeitos, principalmente sobre o sentido que dão à vida e sobre a cultura num sentido mais local. As mudanças culturais globais encontram no Ensino Superior mais um caminho para favorecer a rápida mudança social em curso. Na mesma medida, promovem sérios deslocamentos[14] culturais, pois a vida local é inerentemente deslocada por não ter mais uma identidade objetiva fora de sua relação com o global (Hall, 1997). É o que acontece na atual situação com o ingresso de sujeitos oriundos das classes C, D e E, de idades diversas e moradores de bairros periféricos no Ensino Superior.

Outro aspecto relevante é que a expansão do Ensino Superior representa a bem-sucedida hegemonia do pensamento neoliberal, que imputa uma visão totalizante do futuro em que a ciência, a tecnologia e a educação representam

---

14 Hall (2003, p.16) explica que uma "estrutura deslocada é aquela cujo centro é deslocado, não sendo substituído por outro, mas por uma pluralidade de centros de poder".

os setores-chave que possibilitam à nação melhorar sua competitividade na economia global (Peters, 1995). Afinal, o Ensino Superior é visto como o lugar em que, por meio da educação, se aprende a dominar e produzir a ciência e a tecnologia. Do mesmo modo, a narrativa neoliberal centra-se no individualismo, instaurando um comportamento dominado pelo autointeresse. Desloca-se o sujeito de seu meio e o insere em práticas discursivas da ordem da produtividade cuja lógica faz dos aprendizes clientes e/ou consumidores e dos cursos pacotes e/ou produtos.

Nos rastros do casamento entre neoliberalismo e Ensino Superior, Matta (2005) argumenta que a articulação entre o quadro de expansão das IES e a lógica neoliberal favorece a liberdade de ação e a tentação do lucro fácil. Explicita que, invariavelmente, no setor privado inexistem condições mínimas de trabalho, pesquisa e ensino, pois o crescimento quantitativo dessas instituições nem sempre se faz acompanhar pelo crescimento qualitativo. De modo assertivo, afirma que o resultado decorrente é a transformação das universidades privadas em uma espécie de McDonald's do ensino.

Essa possibilidade é corroborada pelos estudos de Oliveira (2006), que indicam a crescente comodificação da educação e a concordância de seus sujeitos (professores, alunos e gestores) com essa lógica. A pesquisadora destaca que um sistema universitário voltado ao consumo do conhecimento tende a transformar o processo de produção e circulação de informações nas IES. Além disso, o próprio sistema universitário precisa alterar suas estruturas de funcionamento de maneira considerável. O aumento do número de universitários promovido pela nova lógica mundial incide na demanda por maior flexibilidade institucional para ir ao encontro das necessidades de uma população estudantil mais heterogênea. Disso decorre maior competitividade entre as IES privadas, que acabam por adotar um estilo de gerenciamento educacional que visa à qualidade de ensino, ecoando um novo modelo de discurso da educação universitária. A partir daí, suas práticas educacionais e institucionais são mercantilizadas, incorporando uma ampla gama de inovações tecnológicas, ampliando a oferta de cursos e criando ambientes de convivência. A IES entra no jogo do "vale-tudo" da concorrência.

A Educação Física enredada na trama do neoliberalismo globalizado

No quadro da expansão do Ensino Superior, a Educação Física tem destacada participação. O fenômeno é concomitante ao aumento da espetacularização do esporte e da mercantilização das práticas corporais, além do recrudescimento do discurso da saúde. Ademais, há que se levar em conta as transformações da área e as reformas instauradas na década de 1990.

Simultaneamente ao processo de abertura política, ao longo da década de 1980 instaurou-se no interior acadêmico da Educação Física uma crise de identidade de caráter epistemológico (Bracht e Crisório, 2003). O surgimento da Ciência do Esporte, o recrudescimento das teorias do comportamento motor, o questionamento das certezas das Ciências Naturais e da Modernidade, além da aproximação da área com as Ciências Humanas, permitiram que se fortificasse a reflexão epistemológica em relação a sua identidade. Essas contingências fizeram com que setores da Educação Física questionassem sua função social, incorporando discursos políticos, econômicos e culturais quanto aos rumos do Brasil pós-ditadura. A Educação Física deveria abandonar a função de criar e selecionar talentos esportivos e a missão de desenvolver a aptidão física com vistas à formação de sujeitos utilitários. Sua função social foi repensada e seus objetivos e conteúdos tornaram-se mais amplos, com o objetivo de articular as múltiplas dimensões do ser humano. Essa crise incidiu diretamente na formação de seus futuros docentes.

Antecedendo às reformas dos anos 1990, em 1986, sob os ares dos discursos da democratização, modificando o entendimento de currículo mínimo, estabelecido na reforma de 1968, o Conselho Federal de Educação possibilitou às IES autonomia e flexibilidade na elaboração de seus currículos, visando a atender às particularidades regionais e interesses de cada comunidade. As alterações abriram as portas para as mudanças debatidas academicamente na Educação Física, fomentando dois questionamentos. O primeiro, referente aos seus princípios epistemológicos: a intervenção no corpo deveria dar-se com bases nas ciências biológicas ou nas ciências humanas? O segundo, referente ao seu campo de atuação: a formação deveria voltar-se para a atuação na educação básica ou para o mercado consumidor (Bracht, 2003)?

Em 1987, a Resolução CFE 03/87 estabeleceu a criação do bacharelado em Educação Física e propôs a organização curricular por áreas: Conhecimento do Ser Humano; da Sociedade; Filosófico; e Técnico, conferindo ao(s) curso(s) de licenciatura e bacharelado uma grande flexibilidade, pois não foram fixadas disciplinas obrigatórias. O resultado foi a consolidação da licenciatura ampliada, conhecida como 3+1, sendo 75% da carga horária das disciplinas de caráter técnico instrumental e médicas e 25% da carga destinada às disciplinas específicas da licenciatura.

Isso, em alguma medida, manteve os aspectos referentes à reforma de 1968 e permitiu uma formação que não se restringisse apenas ao âmbito escolar. Apesar de a licenciatura ter sua atenção voltada para as questões da escola, os cursos de Educação Física mantiveram disciplinas cujo enfoque era a instrumentalização para o mercado em expansão: academias, spas, clínicas, escolinhas de esporte etc. Muitos dos egressos desses cursos foram arrebanhados pela lógica dominante do esporte e da atividade física com fins em si mesmos. O debate acerca da formação inicial tomou outro rumo e passou a mirar a articulação entre os modelos de formação do profissional e a atuação no mercado de trabalho, algo que outrora não se distinguia (Benites, Souza Neto e Hunger, 2008).

As mudanças na formação deram um tom de seriedade à formação em Educação Física frente aos demais cursos superiores, antes considerada inferior. A carga horária, por exemplo, foi ampliada para 2.880 horas em um prazo mínimo de quatro anos, ampliando a participação das ciências biológicas e suas aplicações no currículo. Isso garantiu a constituição de um corpo de conhecimentos que legitimaram o processo de profissionalização na vertente técnico-desportiva, pautada no ensino das práticas desportivas e na técnico-científica, que contribuiu para o processo de cientificação da formação inicial, antes ausente.

A Resolução de 1987 produziu como efeito mais significativo a fragmentação da terminalidade profissional (licenciado e bacharel), pois, na prática, o egresso era habilitado para atuar em dois campos de atuação (Molina Neto e Molina, 2003).

Ampliando a questão, tanto as mudanças na área quanto as mudanças sociais em voga fomentaram outros debates cujo auge foi a regulamentação profissional e a criação do sistema Cref/Confef,[15] em 1º de setembro de 1998. Como profissão instaurada por força de lei, o sistema obrigou que o ensino das práticas corporais presentes em instituições formais e informais fosse efetuado por profissionais da Educação Física, o que pode ter estimulado a busca pelo Ensino Superior. Se em outros tempos, o estudante de Educação Física era majoritariamente oriundo do campo esportivo, neste século a formação profissional passou a ser buscada por sujeitos de interesses diversos (entre tantos, ensinar lutas e danças ou conduzir trabalhos corporais voltados ao relaxamento, estética ou baseados em princípios holísticos) que passaram a construir outros significados para a formação docente.

Na opinião de Bracht (2003), os vários sentidos dessas práticas fundamentam-se em um universo simbólico com características diferenciadas das tradicionalmente presentes na área. O fato dificulta a reunião dessas atividades sob a luz de um único conceito e na mesma instituição. Por consequência, a formação do profissional de Educação Física não consegue contemplar uma área de atuação cada vez mais ampla e polissêmica.

O órgão regulador da Educação Física encontrou espaço para a sua fundação diante das novas atribuições do Estado auditor, que lhe transferiu a responsabilidade de fiscalizar se os ensinamentos relativos às práticas corporais são realizados por profissionais regulamentados. No entanto, a ação dele não se limita ao controle e à regulação da ação profissional. Os estudos realizados por Penna (2006) salientam que a participação do sistema Cref/Confef colabora na perda da centralidade da formação do professor de Educação Física para a atuação na escola, baseando-se na reestruturação do mundo do trabalho. O sistema procura estender suas influências nos projetos de construção de políticas públicas para o esporte, maximizando as contradições e disputas reais nas IES. Penna deixa claro que, independente das orientações previstas nas atuais Diretrizes Curriculares dos cursos de Educação Física, o sistema Cref/Confef interfere nos espaços universitários, influenciando a teoria e a prática de professores e alunos.

---

15 Os Conselhos Regionais (Cref) e o Conselho Federal de Educação Física (Confef) são responsáveis pela regulação jurídico-política da profissão.

As reformas nacionais dos anos 1990, as disputas políticas e epistemológicas na área, as críticas ao modelo da Resolução de 1987 e o percurso histórico do curso convergiram nas Diretrizes Curriculares Nacionais (Resoluções CNE/CP 01/2002, 02/2002 e 7/2004).[16] Elas apontam para novas perspectivas na formação docente, tendo em vista um modelo de qualificação profissional que prioriza a dimensão política da profissão, as competências para o exercício do trabalho e o corpo de conhecimentos da área. Para tanto, um de seus aspectos centrais é a negação da licenciatura ampliada, ou seja, tornou obrigatória a constituição de cursos distintos e com finalidades distintas.

O exercício da profissão foi fragmentado de vez. Influenciado por setores corporativistas (Cref/Confef), a Resolução 7/2004 consolidou a separação da formação de professores dos demais profissionais de Educação Física, inserindo os últimos no conjunto de profissionais da área da saúde. Apesar de não distinguirem os espaços de atuação dos egressos, o órgão regulador se ancorou nas Diretrizes Curriculares Nacionais para restringir o trabalho do licenciado ao âmbito escolar. Os outros campos possíveis ficaram a cargo do bacharel. O resultado tem sido a contestação jurídica sobre essa forma de regulação e o jogo cambiante das IES privadas para atender a todos.

Com a promulgação das Diretrizes Curriculares Nacionais que determinam os conteúdos para os cursos de graduação em Educação Física, consolidou-se um novo paradigma para a formação inicial de professores. Enquanto os universitários que atuarão na educação básica frequentam um curso mais aligeirado (três anos) e de cunho humanista (talvez só no papel), aos atuantes na esfera não formal (clubes, academias de ginástica, clínicas, spas etc.) é reservada uma formação mais longa (quatro anos), ancorada em conhecimentos biológicos distribuídos em disciplinas tradicionalmente vinculadas à área da saúde. Há de se ressaltar que as Diretrizes para as licenciaturas possibilitam cursos de 2.800 horas (02/2002 – CNE/CP), enquanto

---

16 A Resolução 07/2004 CNE/CES, que institui as Diretrizes Curriculares Nacionais para os cursos de graduação em Educação Física, em nível superior de graduação plena; a Resolução 01/2002 – CNE/CP, que institui as Diretrizes Curriculares para a formação de Professores da Educação Básica, em nível superior, curso de licenciatura de graduação plena; e a Resolução 02/2002 – CNE/CP, que institui a duração e a carga horária dos cursos de licenciatura de graduação plena, de formação de professores da educação básica em nível superior; orientando a formação profissional na área da docência, a qual se insere o profissional de Educação Física.

que as do bacharelado na área da saúde indicam que o curso deve ter 3.200 horas (CNE/CES nº 213/2008). Não há dúvida de que a legislação contribuiu para a hierarquização de saberes e o reconhecimento profissional (Neira e Nunes, 2009).

A problemática não se encerra na hierarquização dos saberes e da profissão. A separação do percurso formativo criou dois trabalhadores distintos do ponto de vista político e ideológico. O licenciado, como uma construção capaz de tratar com a diversidade e a diferença e de reconhecer-se enquanto membro do corpo docente de uma instituição pública ou privada, além de representante de uma classe trabalhadora, passível de se inserir na luta sindical e da sociedade mais ampla. Já o bacharel é uma produção multifacetada originária do neoliberalismo, que atua em campos tão distintos como distantes. É um profissional de cursos livres, sem maior envolvimento com a construção coletiva de planos de trabalho ou a busca de soluções de problemas comuns. Sua área de atuação com as práticas corporais se insere no ramo privado, na lógica mercantil, consequentemente capaz de manter posições individualistas frente aos iguais, diante da competição por clientes. A diversidade interessa-lhe enquanto potenciais consumidores. Quanto à diferença, a tendência é negá-la na sua plenitude e, para ela, projetar planos de assimilação. O sujeito bacharel é pura fragmentação e reforça as características da mentalidade governamental neoliberal.

É notório que a imensa maioria das instituições de Ensino Superior que possuem cursos de Educação Física procuram abarcar as duas formações, mesmo que o pensamento biológico e instrumental na Educação Física seja dominante, o que só traz prejuízos ao egresso que atuará na escola. A fim de atender a legislação, foi recriado o modelo 3+1 da seguinte forma: três anos de licenciatura e mais um ano para obtenção do bacharelado. As disciplinas possuem nomes diferentes, mas os conteúdos abordados são os mesmos.

Na prática, os estudantes frequentam um curso único, o que só confunde o futuro egresso quanto à diferenciação das formas de atuação profissional. Ao concluir o curso de licenciatura no sexto semestre, aqueles que pretenderem prosseguir no bacharelado recebem a equivalência da grade curricular a fim de eliminar as disciplinas em comum.

Do mesmo modo que a grade curricular, o perfil do egresso proposto pelos dois cursos é o mesmo, alterando-se algumas palavras que indicam especificidade de local de atuação e retirando questões referentes aos discursos caros à educação, como formação crítico-reflexiva, contexto histórico-cultural etc., como se a atuação do bacharel pudesse abrir mão desses conhecimentos bastando-lhe apenas o domínio instrumental. Apesar desses pequenos detalhes, o que se vê é que tanto um como o outro exercerão a mesma função social, pois estão submetidos ao mesmo percurso curricular, afinal, a maioria, de olho no mercado, obtém a dupla titulação.

Se já era comum a crítica à formação esquizofrênica da Educação Física (Molina Neto e Molina, 2003; Neira, 2009), que formava para múltiplos campos de atuação, agora o sujeito recebe uma certificação duplicada da constituição fragmentada de si mesmo. Isso só faz aumentar a confusão, contribuindo para perpetuar certas formas de fazer a Educação Física no espaço escolar.

Tudo isso apenas evidencia que nem sempre os currículos das IES atendem às propostas oficiais. Muito menos conseguem ser capturados pelos órgãos reguladores. As Diretrizes Curriculares elaboradas pelo Estado são recontextualizadas no *locus* de sua efetivação (Ball, 2006). Nessa recontextualização, inicialmente há uma descontextualização, pois alguns textos são selecionados em detrimento de outros, bem como são trazidas para o debate questões e relações sociais de outras esferas sociais. Isso propicia um reposicionamento das opiniões diante do discurso do Estado, estruturando o campo da recontextualização. Em meio a esses conflitos, abre-se espaço para a atuação da ideologia e a hibridização de discursos (Stoer, 2002). Como coloca Ball (1998), as políticas curriculares não conseguem efetivar-se de fato.

O que se percebe é que a constituição do currículo é fruto de variados vetores de força a respeito do que venha a ser Educação Física, dos campos de sua atuação profissional e da visão de homem e sociedade por parte dos sujeitos que o elaboram e que nele atuam. Sem esquecer que tudo isso é interdependente dos interesses institucionais, que articulam o currículo de cada curso às suas metas. O Frankenstein está em ação. Ou seja, o que se tem é um currículo organizado por conhecimentos distintos, interesses diversos, muitas vezes antagônicos, e não fruto de um amplo debate coletivo acerca das necessidades para a atuação docente e das implicações ideológicas e políticas de qualquer proposta curricular. Tal e qual na leitura popular, criador e criatura se hibridizam, pois o currículo Frankenstein também é uma criação monstruosa.

Essa linha de pensamento encontra respaldo nos estudos de Mendes (1999) e Alviano Júnior (2011). O primeiro, em pesquisa realizada antes da promulgação das Diretrizes, afirma que, além da influência das políticas públicas, a construção do currículo é marcada por interesses pessoais e de grupos, voltados para a obtenção de vantagens e hegemonias sobre outros. As relações de poder que perpassam o processo envolvem visões sobre formação de professores, currículo, Educação Física, burocracia institucional, entre outras, que acabam por criar maneiras específicas de pensar a seleção e a organização dos conteúdos a serem ensinados. Em suas investigações, pós-Diretrizes, Alviano Júnior constatou que a construção do currículo, ancorada na concepção de liberdade, flexibilidade e autonomia, é consubstanciada por relações de poder entre os pares que o elaboram com vistas a atender a interesses pessoais em detrimento de qualquer demanda sócio-histórica. Essas análises indicam que os docentes promovem ações que escapam em muito às formas de regulação elaboradas pelo Estado.[17]

Se por um lado as Diretrizes evidenciam avanços significativos na construção de uma identidade profissional docente, por outro, além das traduções realizadas em cada IES, causam preocupação mediante o excesso de competências técnicas elencadas no documento. Visível está que o palco das reformas do Ensino Superior e da Educação Física anuncia a cena do primado do "saber fazer" dirigida pelas reformas do Estado e produzida pelas interferências globalizantes.

Como já era previsto, a "mão invisível do mercado" e o ideário neoliberal também incidem nas coordenadas do mapa da Educação Física local. Além das forças do sistema que regulamentam a profissão, o documento também aplica forças neoliberais sobre o currículo. Na visão dos seus proponentes, o importante não é o conhecimento do professor sobre o seu trabalho e, sim,

---

17 O assunto será abordado de forma mais aprofundada no próximo capítulo.

saber transformá-lo em prática. O que importa é o conhecimento utilitário, pragmático. O discurso presente nas Diretrizes para a formação dos professores gira em torno da eficiência, do desenvolvimento de competências, da produtividade, da qualidade, enfim, discursos sintonizados com a teoria da eficiência social do início do século XX, que tanto influenciaram a educação e que ganham outros contornos nestes tempos.

Esses conceitos, agora transpostos sem ressignificações do campo da administração empresarial pós-fordista para o Ensino Superior, colonizam os processos educativos e incidem em ações pedagógicas pautadas no ensino de técnicas para atuação direta no mercado de trabalho, bem ao gosto do raciocínio custo-benefício. Competência deixa de ser um simples saber fazer para consolidar-se como um saber fazer necessário ao capital. Oferece-se o "conhecimento útil" para o exercício da profissão. É interessante notar que as Diretrizes apresentam o discurso das competências de forma associada ao do cidadão crítico, semeando o Frankenstein. A incorporação desse conceito visa tanto à apropriação de uma temática simpática ao e valorizada no mercado a fim de legitimar sua efetivação, quanto a minimizar a potencialidade do discurso crítico, pois a ideia de criticidade é obscurecida pela ênfase no discurso eficientista das competências (Lopes, 2002). Essas ideias reforçam a permanência na formação inicial do professor de Educação Física de conteúdos desvinculados das suas relações de saber-poder e discursos que valorizam o pragmatismo.

As discussões acerca dos currículos presentes na formação inicial, dos efeitos das Diretrizes para a formação docente e dos processos de recontextualização avançam por trilhas tortuosas. A manutenção de disciplinas tradicionais no currículo garante padrões de estabilidade aos docentes, trazendo à tona algumas relações de poder. É o caso da quase ausência dos conhecimentos das ciências humanas e da pequena carga horária das questões didático-pedagógicas.

O fenômeno também é evidenciado na relutância docente quando se fala em substituir o atual *status quo*. Analisando os espaços atuais de formação inicial na Educação Física, observa-se que o corpo docente acadêmico sofre influência de múltiplos campos disciplinares. Em geral, é composto por especialistas das áreas da Saúde, do Esporte, da Psicologia e, nos últimos tempos, da área de Marketing. Bem raros são os professores que, mesmo atuando em cursos de licenciatura, possuem formação na área da Educação ou nela se especializaram. Geralmente, os docentes concentram seus focos de pesquisa (quando são pesquisadores) e atividades acadêmicas em outros campos, como a esfera esportiva ou de academias, estabelecendo pouca ou nenhuma relação com as questões da licenciatura. Todos esses fatores, comuns em muitos cursos de Educação Física, facilitam a recontextualização dos discursos oficiais e a incorporação dos discursos dos benefícios da atividade esportiva e do combate ao sedentarismo sem questionamentos.

O que se tem é uma maquinaria em ação associada ao governo de corpos eficazes, produzindo uma realidade cuja necessidade é a de garantir o desenvolvimento físico, cognitivo e afetivo dos alunos com quem os futuros egressos trabalharão expressos nos ideais de desempenho físico, racionalidade científica, competitividade, meritocracia e qualidade de vida. Ou seja, práticas que reforçam a individualidade e produzem um padrão correto de ser, restando ao sujeito a adequação a fim de não ser visto como aberração. Por outro lado, qualquer questão relativa aos problemas atuais da sociedade multicultural e recorrentes no "chão da escola" tende a escapar e ficar à revelia frente a esses aspectos. Restará ao futuro professor toda a culpa pela ineficiência produtiva e atuar como o Ben 10 na luta contra as mazelas sociais.

Considerações finais

O texto nos mostra que qualquer problematização acerca da formação inicial não pode desconsiderar o quadro sócio-histórico em que o Ensino Superior brasileiro se instaura. Sua trajetória é marcada por diversos jogos de poder, nos quais interesses econômicos e culturais estabelecem as condições de acesso e permanência para os seus sujeitos. A presença maciça das instituições privadas não para de crescer, distinguindo-se, a cada época, apenas por justificativas diferentes. Da mesma maneira, ao longo do século passado e no início deste foram notórias as lutas pela ampliação de acesso à universidade, que durante séculos serviu para a conservação da cultura de certo grupo social.

No atual cenário globalizado da educação superior, as instituições privadas foram chamadas a responder às exigências locais e globais. As locais são fomentadas pelas lutas por condições de igualdade promovidas pelos diversos movimentos sociais, enquanto as globais são engendradas por instituições supranacionais e por interesses econômicos que solicitam a formação de um sujeito cosmopolita capaz de atuar com certas competências diante das novas condições impostas pelo mercado de trabalho.

As pressões globais pela formação superior de certo sujeito encontraram no Brasil condições para a ampliação da atuação do sistema privado no setor. Esse momento é pautado nos princípios da performatividade e do gerencialismo, levando as IES privadas a se estruturarem na lógica da eficiência, produtividade e competitividade, a fim de consolidar a sua marca. Acrescenta-se a isso o aumento da competitividade entre as IES privadas. Para garantir seu lugar no pódio, acabam por adotar um estilo de gerenciamento educacional que visa à qualidade de ensino. É aqui que suas práticas ganham ares de consumo, ecoando um novo modelo de discurso no âmbito da educação universitária.

Por promover um currículo pautado predominantemente em disciplinas relacionadas ao campo da Saúde e no ensino de técnicas corporais hegemônicas, a formação na área alinha-se aos pressupostos do consumo das práticas corporais, pois o corpo é tratado de forma neutra e asséptica, reforçando um padrão exposto nos meios de comunicação. Ao atuar profissionalmente, o egresso tem tudo para fortalecer a concepção aprendida no currículo e isso é feito sob o lema da promoção da saúde e da valorização de determinadas ginásticas, esportes, lutas e danças, que se ajustam mediante os discursos dos benefícios da prática da atividade física e da qualidade de vida. Isso fica evidente quando se analisam os objetivos da formação propostos pelas DCN ou, até mesmo, no juramento dos concluintes, no qual se observa a inclinação à prestação de serviços. O futuro egresso necessita de uma clientela para que ele possa colocar seus saberes em ação e assim estabelecer relações. Como não há distinção entre a formação do licenciado e do bacharel, em geral, o professor atua em ambos os campos da mesma forma e dissemina os mesmos discursos.

O currículo da formação em Educação Física favorece a circulação dos ideais neoliberais em meio ao jogo cambiante das Diretrizes, do órgão regulador do profissional da área, das suas práticas e dos conhecimentos que divulga.

Estão dadas as condições para que o currículo Frankenstein abra suas portas para que os discursos do consumo e da performatividade adentrem à escola sem o menor pudor e constrangimento. Na trama entre as políticas públicas, a expansão do Ensino Superior privado, a constituição do percurso formativo e seus processos de recontextualização, os professores Ben 10 da Educação Física vão se moldando.

Referências bibliográficas

ALVIANO JÚNIOR, W. **Formação inicial em Educação Física**: análises de uma construção curricular. Tese (Doutorado em Educação) – Faculdade de Educação. Universidade de São Paulo. São Paulo: FE-USP, 2011.

BALL, S. J. Cidadania global, consumo e política educacional. In: SILVA, L. H. (Org.). **A escola cidadã no contexto da globalização**. Petrópolis: Vozes, 1998.

_____. Performatividade, privatização e o pós-Estado do bem-estar. Dossiê: Globalização e Educação: precarização do trabalho docente – II. **Educação e Sociedade**, v. 25, n. 89, p. 1105-1126, Set/Dez 2004.

_____. Profissionalismo, gerencialismo e performatividade. **Caderno de pesquisa**, v. 35, n. 126, Set/Dez 2005.

_____. Sociologia das políticas educacionais e pesquisa crítico-social: uma revisão pessoal das políticas educacionais e da pesquisa em política educacional. **Currículo sem fronteiras**, v. 6, n. 2, p. 10-32, Jul/Dez 2006.

BARREYRO, G. B. **Mapa do ensino superior privado**. Brasília: Inep – Instituto Nacional de Estudos e Pesquisas Educacionais Anísio Teixeira, 2008.

BARRETO, R. G.; LEHER, R. Do discurso e das condicionalidades do Banco Mundial, a educação superior "emerge" terciária. **Revista Brasileira de Educação**, v. 13, n. 39, p. 423-436, Set/Dez 2008.

BENITES, L. C.; SOUZA NETO, S.; HUNGER, D. O processo de constituição histórica das diretrizes curriculares na formação de professores de Educação Física. **Educação e Pesquisa**, São Paulo, v. 34, n. 2, p. 343-360, Maio/Ago 2008.

BETTI, M. **Educação Física e sociedade**. São Paulo: Movimento, 1991.

BRACHT, V. **Educação Física e aprendizagem social**. Porto Alegre: Magister, 1992.

_____. Identidade e crise da Educação Física: um enfoque epistemológico. In: BRACHT, V.; CRISÓRIO, R. (Org.). **A Educação Física no Brasil e na Argentina**:

identidade, desafios e perspectivas. Rio de Janeiro: PROSUL; Campinas: Autores Associados, 2003.

BRACHT, V.; CRISÓRIO, R. (Orgs.) **A educação física no Brasil e na Argentina**: identidade, desafios e perspectivas. Rio de Janeiro: PROSUL; Campinas: Autores Associados, 2003.

CUNHA, L. A. **A universidade temporã**: o ensino superior, da colônia à Era Vargas. 3. ed. São Paulo: Editora Unesp, 2007.

DIAS, C. L., HORIGUELA, M. L. M.; MARCHELLI, P. S. Políticas para a avaliação do Ensino Superior no Brasil: um balanço crítico. **Educação e Pesquisa**, São Paulo, v. 32, n. 3, p. 435-464, Set/Dez 2006.

FÁVERO, M. L. A., Vinte e cinco anos de reforma universitária: um balanço. In: MOROSINI, M. C. (Org.). **Universidade no Mercosul**. São Paulo: Cortez, 1994.

GEBARA, A. Educação Física e esportes no Brasil: perspectiva (na história) para o século XXI. In: MOREIRA, W. W. (Org.). **Educação Física e esportes**: perspectivas para o século XXI. Campinas: Papirus, 1992.

HALL, S. A centralidade da cultura: notas sobre as revoluções de nosso tempo. **Educação e Realidade**, Porto Alegre, v. 22, n. 2, p.15-46, 1997.

LIMA, K. **Contra-reforma na educação superior**: de FHC a Lula. São Paulo: Xamã, 2007.

LOPES, A. C. Parâmetros Curriculares para o Ensino Médio: quando a integração perde seu potencial crítico. In: LOPES, A. C.; MACEDO, E. (Org.). **Disciplinas e integração curricular**: história e políticas. Rio de Janeiro: DP&A Editora, 2002.

MATTA, L. P. da. As continuidades e as descontinuidades da Educação Superior: as reformas do ensino superior no governo militar e no governo neoliberal. **Trabalho Necessário**, ano 3, n. 3, 2005.

MAUÉS, O. C. Reformas internacionais da educação e formação de professores. **Caderno de Pesquisas**, n. 118, 2003.

MENDES, C. L. **A reforma curricular do curso de educação física da UFMG**: relações de poder, atores e seus discursos. Dissertação de Mestrado apresentada à Faculdade de Educação/UFMG. Belo Horizonte, 1999.

MOLINA NETO, V.; MOLINA NETO, R. M. K. Identidade e perspectiva da Educação Física na América do Sul: formação profissional em Educação Física no Brasil. In: BRACHT, V.; CRISÓRIO, R. (Org.). **A Educação Física no Brasil e na Argentina**: identidade, desafios e perspectivas. Rio de Janeiro: PROSUL; Campinas: Autores Associados, 2003.

NEIRA, M. G. Desvelando Frankensteins: interpretações dos currículos de Licenciatura em Educação Física. **Revista Brasileira de Docência, Ensino e Pesquisa em Educação Física**, Cristalina, v. 1, n. 1, p. 118-140, Ago 2009.

NEIRA, M. G.; NUNES, M. L. F. **Educação Física, currículo e cultura**. São Paulo: Phorte, 2009.

NEVES, C. E. B. Diversificação do sistema de educação terciária: um desafio para o Brasil. **Tempo Social**, São Paulo, v. 15, n. 1, 2003.

NUNES, M. L. F. **Sobre Frankensteins, Monstros e Ben 10**: fragmentos da formação em Educação Física. Tese (Doutorado em Educação) – Faculdade de Educação. Universidade de São Paulo. São Paulo: FE-USP, 2011.

NUNES, M. L. F.; RUBIO, K. O(s) currículo(s) da Educação Física e a constituição da identidade de seus sujeitos. **Currículo sem Fronteiras**, v. 8, n. 2, p. 55-77, Jul/Dez 2008.

OLIVEIRA, K. S. L. **O discurso comodificado das instituições de ensino superior universitário** – um estudo de caso no oeste do Paraná. Dissertação de Mestrado apresentada à Universidade do Sul de Santa Catarina. 2006.

PENNA, A. M. **Sistema Confef/Crefs**: a expressão do projeto dominante de formação humana na Educação Física. Dissertação de Mestrado em Educação apresentada à Faculdade de Educação, Universidade Federal Fluminense. Niterói, 2006.

PETERS, M. Governamentalidade neoliberal e educação. In: SILVA, T. T. (Org.). **O sujeito da educação**: estudos foucaultianos. Petrópolis: Vozes, 1995.

SAMPAIO, H. **O ensino superior no Brasil**: o setor privado. São Paulo: Hucitec, Fapesp, 2000.

SHWARTZMAN, J.; SHWARTZMAN, S. **O ensino superior privado como setor econômico**. Trabalho realizado por solicitação do Banco Nacional de Desenvolvimento Econômico e Social (BNDES). Brasília: 2002.

SGUISSARDI, V. Reforma universitária no Brasil – 1995-2006: precária trajetória e incerto futuro. **Educação & Sociedade**, Campinas, v. 27, n. 96, Especial, p. 1021-1056, Out 2006.

SILVA, J. G. C. **O ensino superior privado**: o conflito entre o lucro, expansão e qualidade. Tese de Doutorado apresentada ao Instituto de Ciências Sociais, Departamento de Sociologia da Universidade de Brasília. Brasília: 2008.

SILVA JÚNIOR. J. R.; SGUISSARDI, V. **Novas faces da Educação superior no Brasil**: reformas do Estado e mudanças na produção. São Paulo: Cortez, 2001.

SOUZA SANTOS, B. **A universidade no século XXI**. São Paulo: Cortez, 2010.

SOUZA NETO, S. **A educação física na universidade**: licenciatura-bacharelado – as propostas de formação e suas implicações teórico-práticas. Tese de Doutorado apresentada à Faculdade de Educação da Universidade de São Paulo: São Paulo, 1999.

SOUZA NETO, S. et al. A formação do profissional de Educação Física no Brasil: uma história sob a perspectiva da legislação federal no século XX. **Revista Brasileira da Ciência do Esporte**, Campinas, v. 25, n. 2, p. 113-128, jan. 2004.

STOER, S. R. Educação e globalização: entre regulação e emancipação. **Revista Crítica de Ciências Sociais**, 63, p. 33-45, Out 2002.

VAZ, A. F.; CARBALLO, A. Introdução de identidade da Educação Física e metodologia de pesquisas: interfaces, paradoxos, mal-entendidos. In: BRACHT, V. e CRISÓRIO, R. (Org.). **A Educação Física no Brasil e na Argentina**: identidade, desafios e perspectivas. Rio de Janeiro: PROSUL; Campinas: Autores Associados, 2003.

Formação inicial em Educação Física: análises de uma construção curricular

Wilson Alviano Júnior

Introdução

De acordo com recentes dados do Ministério da Educação (Brasil, 2009), os municípios que compõem a macrorregião da Grande São Paulo oferecem mais de 5 mil vagas em cursos de formação de professores em Educação Física em Instituições de Ensino Superior (IES) privadas. Outros dados, do Instituto Nacional de Estudos e Pesquisas Educacionais Anísio Teixeira (Inep) que contemplam os dados do Censo da Educação Superior de 2006, divulgados em 2008, dão conta que a região Sudeste possuía até 2006 um total de 350 cursos de Educação Física, o que corresponde a praticamente metade dos oferecimentos da área no Brasil. Em 2006, 746 cursos de Educação Física em todo o país estavam credenciados, sendo 274 oferecidos por IES públicas e 472 em IES privadas, 36,7% e 63,3%, respectivamente (Collet et al., 2009). Na região Sudeste foram verificados 211 cursos de licenciatura e 139 de bacharelado; destes, 170 cursos de licenciatura e 121 cursos de bacharelado oferecidos por instituições privadas, contando com apenas 41 cursos de licenciatura e 18 de bacharelado oferecidos por instituições públicas. O oferecimento dos cursos de licenciatura em Educação Física pelo setor privado chega a ser pouco mais de três quartos do total, enquanto os cursos de bacharelado chegam a quase 90% do montante disponibilizado. Esses dados indicam que a rede privada é a principal responsável pela formação de professores de Educação Física.

Entendemos assim que os currículos de licenciatura em Educação Física oferecidos pelas IES privadas devem ser visualizados não apenas na perspectiva da análise das diretrizes que os norteiam mas também na lógica em que o Ensino Superior privado representa atualmente no Brasil, estabelecendo a maneira como se deu sua expansão no período pós-ditadura e seu significado no contexto neoliberal. Mesmo porque as atuais Diretrizes Curriculares Nacionais (DCN) atendem a perspectiva de ensino das IES privadas, por terem sido elaboradas em meio à expansão do sistema, privilegiado com financiamentos vantajosos, isenções fiscais e previdenciárias, além de outros benefícios, como dotação de recursos a fundo perdido (Trindade, 2003).

Para exemplificar a expansão das IES privadas no Brasil, basta verificar o aumento significativo de professores contratados. Em 1980, as IES privadas brasileiras contavam com 49.451 docentes em seus quadros e as IES públicas com 60.037; em 2004, as IES privadas contabilizaram 185.258 docentes contra 93.800, ou seja, um crescimento superior a 270% (Bosi, 2007). Desse contingente de docentes cadastrados, apenas 16,9% trabalham em regime de dedicação exclusiva, cifra que se refere quase exclusivamente às IES públicas.

Com tais características, as IES privadas vêm, em especial a partir do final da década de 1990, atraindo grandes contingentes de estudantes em uma busca legítima por melhores postos de trabalho ou por uma adequação objetivando a empregabilidade.

Está em curso um crescente movimento de transferência da esfera pública para a esfera do mercado (Gentili, 1998). As condições oferecidas pelas ES privadas remuneram o professor quase que exclusivamente por tarefas ligadas ao ensino, deixando ao seu critério o trabalho de pesquisa. As cobranças por titulações e atualizações são constantes, principalmente em períodos de reconhecimento e avaliação de cursos. A formação continuada é, invariavelmente, feita pelo professor às suas próprias expensas e sem remuneração, gerando um acúmulo de tarefas. Somadas às atividades como elaboração e correção de provas, lançamentos de notas e frequência dos alunos via sistemas informatizados, o que se vê é um docente exaurido e desmobilizado para as ações de relevo no Ensino Superior (formação de profissionais críticos e produção de conhecimentos). Consideramos importante salientar tais condições para apontar a descaracterização sofrida pelos professores por meio de estratégias que reduzem sua ação pedagógica (Bazzo e Scheibe, 2001). Enguita (1991) denominou o fenômeno de proletarização docente.

Os caminhos da pesquisa[1]

Com base nas premissas apresentadas, entendemos ser pertinente discutir a formação inicial de professores de Educação Física a partir da investigação do processo de elaboração de um currículo de licenciatura em Educação Física de uma IES privada da Grande São Paulo, posto que, como visto, as instituições privadas são responsáveis por praticamente a totalidade da formação de professores desse componente nas escolas da região.

Buscamos realizar este estudo a partir dos envolvidos em sua construção com o objetivo de problematizar as relações que legitimam conhecimentos, que estabelecem centralidades e periferias no currículo, bem como a visão dos docentes envolvidos em relação à formação inicial em Educação Física, por entendermos que esses componentes são essenciais em um processo de construção curricular.

A IES que acolheu a presente investigação pode ser tomada como um caso típico. O corpo docente, em sua quase totalidade, é remunerado por hora/aula e com frequência trabalha em outras instituições para compor seu rendimento mensal. O quadro não difere daquele constatado nas IES investigadas por Bazzo e Scheibe (2001). No entanto, o objeto de estudo possui como característica peculiar o fato de a construção curricular ter sido elaborada coletivamente.

Muito embora se trate de um procedimento bastante raro nas IES privadas, em princípio, o processo de construção curricular deveria ser uma tarefa coletiva (Neira, 2009). Não obstante, é fundamental ter clareza que o trabalho coletivo é fruto de disputas, de sistemas de interdição e legitimação de

---

1 Um detalhamento maior do percurso pode ser encontrado em Alviano Júnior (2011).

discursos que operam mediante o exercício do poder (Foucault, 2005). As divergências e os antagonismos que influíram no processo não podem ser compreendidos apenas com a análise do documento final. É de suma importância identificar quais foram os discursos excluídos e interditados nessa produção curricular, bem como os que foram valorizados e enfatizados.

Não é por acaso que, no processo analisado, a construção do novo currículo se transformou em alvo de disputa pelos docentes, pois entre os interesses em jogo estavam a manutenção do trabalho, que passa necessariamente pela legitimação da prática pedagógica de cada sujeito, consubstanciada no currículo proposto.

Greene (apud Goodson, 1995, p. 18) descreve a noção dominante de currículo como "uma estrutura de conhecimento socialmente apresentado, externo ao conhecedor, a ser por ele dominado". Além disso, Silva (1996) lembra que, ao nos relacionarmos com o currículo, pensamos imediatamente em conhecimentos, desconsiderando que os conhecimentos constitutivos do currículo estão diretamente ligados a quem somos, à nossa identidade. Portanto, o currículo também é uma questão de identidade.

De acordo com o autor, nesse sentido o currículo é o campo no qual identidades excluídas lutam por significação, com base em perspectivas sociais particulares. A partir da elaboração curricular, que é uma construção cultural que reconhece ou descredencia valores, o autor destaca a impossibilidade de manter a ingenuidade em relação ao papel exercido pelas formas curriculares no que se refere à constituição de identidades. Os currículos implicam, assim, a produção e a reprodução das relações de poder na escola e na sociedade.

Pensado como artefato cultural, o currículo forma pessoas como sujeitos particulares (Silva, 2007). O currículo é uma prática discursiva que transmite regimes de verdade, que se corporifica perante certas narrativas de cidadão e sociedade, construindo sujeitos singulares. O currículo é também um modo de posicionar os sujeitos no interior da cultura. Dessa forma, buscamos por meio dos discursos proferidos, compreender quais concepções de mundo, professor, aluno, Educação Física e escola são colocadas em circulação na elaboração do currículo da IES investigada. Para tanto, a tarefa consiste em desnaturalizar o currículo em questão como um instrumento constitutivo da formação de professores; entendê-lo sob a ótica de um instrumento de regulação, controle e normatização; como um produto e uma produção da biopolítica escolar (Corazza, 2004).

O que está em jogo no debate em torno da elaboração de um currículo excede os interesses de classe e relaciona-se a posicionamentos assumidos com relação às identidades dos sujeitos envolvidos. Ressaltamos que essa perspectiva é uma característica marcadamente política, que admite um olhar amplo para a complexidade estabelecida nas tensões de uma construção curricular. Admitindo ser o currículo um campo de lutas (Silva, 1995), visualizamos a sua construção como um debate que objetiva a legitimação das concepções em jogo.

O currículo constitui "lutas por hegemonia, por construções identitárias ligadas a visões sociais dominantes, ou por identidades críticas, questionadoras, que busquem novos horizontes sociais" (Silva, 2006, p. 35). No currículo existem identidades representadas. Tomando a representação como um sistema de significação, qualquer representação estará sempre envolvida em uma "relação entre significado e significante" (Silva, 2006, p. 35), que a torna um processo social que nos permite compreender o caráter arbitrário da representação, ou como a construção da representação é socialmente elaborada.

O poder curricular é constituído por práticas discursivas, ou seja, "uma prática corporificada em processos técnicos, em instituições, em padrões de comportamento geral, em formas de transmissão e difusão e em formas pedagógicas que, ao mesmo tempo, as impõem e as mantêm" (Corazza, 1995, p. 212), que contêm aspectos reguladores, escapando aos binarismos próprios das metanarrativas.[2]

Entendemos como relevante perceber quais discursos foram excluídos durante a produção curricular; quais não se articularam com o trabalho co-

---

2 Por metanarrativas compreendemos as teorias abrangentes que abarcam uma compreensão totalizadora da sociedade em particular e que se dispõem assim a revelar a "verdade", assumindo uma perspectiva própria da modernidade. Agir assim seria desconsiderar as relações de poder que produzem os indivíduos e suas identidades.

letivo, quais interdições sofreram e como podem ter afetado a construção. É necessário salientar que a verdade não se situa fora do poder e, dessa forma, o intelectual que procura estabelecer e legitimar a "sua" verdade está, na realidade, estabelecendo um *topos* de poder.

Essa seria uma atuação dos chamados *mecanismos de normalização*, no entendimento de Foucault (2005) que, em consonância com alguns procedimentos técnicos, como o discurso, atingem determinados espaços institucionais – no caso, particularmente os professores e, consequentemente, as escolas.

Para pensar sobre a atuação desses mecanismos, tomemos o discurso como um mecanismo de normalização que busca estabelecer a verdade de acordo com certos procedimentos. O discurso, também um procedimento, toma para si a construção da realidade – a verdade – fornecendo um referencial para a subjetivação e a cooptação dos indivíduos. A verdade construída será o panorama no qual o currículo em questão deverá desenvolver-se. No caso investigado, um cenário com objetivos e estratégias predeterminados para a formação inicial de professores de Educação Física.

O currículo é uma construção discursiva que estabelece uma verdade, um *topos* de poder que, por sua vez, indica uma condição, uma posição que traduz a realidade, a verdade construída discursivamente. Ao assumir uma condição preestabelecida, o currículo cristaliza uma posição já reconhecida socialmente ou, no caso investigado, uma tomada de posição acadêmica em relação ao ideário que permeia a formação de professores de Educação Física.

Nesse contexto, o presente estudo problematizou o processo de construção curricular de um curso de licenciatura em Educação Física, objetivando mapear os diversos olhares sobre sua elaboração e entender as relações de poder estabelecidas, bem como as identidades colocadas em jogo: identidades exaltadas, admitidas ou excluídas a partir da construção curricular. Também foi foco deste estudo discutir como a identidade do professor de Educação Física é pensada pelos docentes que buscam viabilizar a formação inicial. Quais seriam, no imaginário desses docentes, os saberes necessários ao futuro professor de Educação Física? E pautados em quais justificativas esses professores assumem posições em relação a esses saberes?

Para tanto, a pesquisa partiu do debate coletivo que gerou o currículo escolhido, debate provocado por instâncias superiores da instituição na qual a construção foi gerada e que envolveu grande parte do corpo docente do curso de Educação Física.

Tal tarefa exigiu uma multiplicidade de leituras ampliando o acesso a outros significantes e significados, bem como a compreensão de suas articulações com o currículo em questão. Para tanto, a investigação empregou uma bricolagem de métodos proposta por Kincheloe e Berry (2007, p. 17), por eles concebida como "discurso crítico, [...] que opera a partir de uma visão acerca das formas dominantes de poder". A bricolagem "busca ampliar os métodos de pesquisa e construir uma modalidade mais rigorosa de conhecimento sobre a educação" (Kincheloe e Berry, 2007, p. 17).

Justificamos a escolha pela bricolagem pautados na ideia de que a construção curricular é claramente vinculada a um modo de perceber a sociedade e está envolvida em debates e consensos coletivos motivados por princípios e conceitos elaborados no decorrer de anos, culturalmente concebidos e socialmente aceitos.

Os dados foram recolhidos por meio de entrevistas semiestruturadas. A entrevista inicial feita com o docente que exercia o cargo de coordenador à época da construção do currículo serviu como texto de porta de entrada (Poeta),[3] que possibilitou a elaboração de novas entrevistas com os demais sujeitos atuantes no processo.

Para analisar o material coletado, recorremos aos Estudos Culturais por entendermos que esse campo teórico oferece referências conceituais para explorar diferentes perspectivas de um mesmo processo, percebendo assim sua complexidade. A favor dos Estudos Culturais está o fato de possibilitarem um melhor entendimento da diversidade de formas discursivas que se estabelecem paralelamente à construção curricular estudada.

---

3   Texto como Porta de Entrada, em inglês, *point of entry text* (POET). O termo é utilizado por Kincheloe e Berry (2007) para sugerir um possível caminho para o entretecimento de diversas falas em uma pesquisa.

As diversas vozes do currículo

A IES estudada adotava para o curso o conceito de licenciatura expandida, amparada pela resolução 03/1987 (Brasil, 1987a) e pelo Parecer 215 de 1987 (Brasil, 1987b), do Conselho Federal de Educação, que possibilitavam a formação tanto para atuação na escola quanto em ambientes não escolares, conforme Artigo 2º, item a: "possibilitar a aquisição integrada de conhecimentos e técnicas que permitam uma atuação nos campos da Educação Escolar (pré-escolar, 1º, 2º e 3º graus) e Não Escolar (academias, clubes, centros comunitários/condomínios etc.)". Com a publicação das Resoluções 01 e 02/2002 do Conselho Nacional de Educação, prevendo a formação de professores para atuação na educação básica em cursos integralizados de 2.800 horas, em um mínimo de três anos, o curso foi forçado a rever o seu currículo.

No período ainda não haviam sido estabelecidas as Diretrizes Curriculares Nacionais para os cursos de graduação em Educação Física, o que tornava a elaboração do currículo de formação de professores na área um desafio, pois, para atender o mercado, seria necessário planejar núcleos comuns de conhecimento para a licenciatura e o bacharelado. Diante disso, a preocupação foi proporcionar aos alunos a dupla formação, respeitando os limites das resoluções. Como persistia a incógnita do curso de graduação em Educação Física, realizou-se um esforço para projetar uma licenciatura que não inviabilizasse o bacharelado, fato que agiu como um vetor de forças na construção curricular.

Para coordenar o processo de construção curricular, a IES investigada contratou um professor com Mestrado em Educação e Doutorado em Pedagogia do Movimento. O colegiado do curso era composto por representantes eleitos pelos professores que atuavam no curso, inclusive aqueles oriundos de outros departamentos, como costumam ser os responsáveis pelas disciplinas conhecidas como "fundamentos" na Educação Física (Anatomia, Biologia, entre outras), cuja área de formação de origem é distinta. Além dos docentes, compunham o colegiado dois representantes do corpo discente, eleitos pelos seus pares.

Utilizando a alegoria de Neira (2009), os currículos de formação de professores de Educação Física no Brasil por vezes assemelham-se a um Frankenstein. Construídos com o objetivo de contemplar distintas concepções, com disciplinas que privilegiem ora uma, ora outra, evidenciando a proliferação de discursos epistemológicos na área. Sem um olhar crítico, acomodam visões distintas de sociedade, ensino e escola.

Essa particularidade da Educação Física em relação a outras áreas da docência é explicada por Souza Neto e Hunger (2009). Após o Parecer CFE n. 215 de 1987, a Educação Física passa a constituir seus currículos, em especial nos cursos oferecidos pelas IES privadas, de modo distinto das demais licenciaturas. É nesse momento que se estabelecem dois campos de atuação diferentes para a área: a licenciatura, que forma o professor que irá atuar na educação básica; e o curso de graduação em Educação Física, que forma o profissional que atuará em ambientes não educacionais, como clubes, academias etc.

Segundo os autores, as IES privadas adotaram o conceito de licenciatura ampliada, ou seja, um curso que formava para atuação tanto na educação básica quanto em ambientes não educativos, que ficou popularmente conhecido como "dois em um", por se tratar de uma formação que habilitava o egresso para dois campos de atuação.

No caso estudado, inicialmente, o coordenador afirmou que a opção que garantiu maior segurança foi elaborar o currículo de formação de professores em Educação Física, ou seja, a licenciatura. A elaboração deu-se com a participação coletiva, que aparenta ter sido uma preocupação do coordenador:

> É... a tentativa também que eu acho importante foi de fazer uma discussão mais coletivamente possível, dentro da instituição. Na época tinha a opção de, em vez de chamar só o colegiado para discutir, chamar a assembleia docente, apesar de que elas não tinham caráter deliberativo, mas de indicar para o colegiado as suas decisões; então nós tentamos fazer isso sempre em assembleia (COORDENADOR).

A elaboração coletiva parece ter tido repercussão distinta no corpo docente. Tomando como exemplo de divergência, o professor 01 evoca suas lembranças:

> [...] aconteceu que a coordenação pediu aos membros do colegiado que nós fizéssemos uma reunião estendida, com todos os docentes, para que houvesse uma discussão detalhada sobre essa mudança curricular... Então, nós convocamos... convidamos todos os professores a participar de uma reunião com todos os presentes e a partir dessa reunião foram criadas sub-comissões. Uma para discutir a área da saúde, ciências biológicas, uma para discutir a área de esportes e outra para discutir a área mais voltada para a Pedagogia, didática etc. (PROFESSOR 01).

Ao analisarmos tal postura diante da construção curricular, podemos, à primeira vista, entendê-la como um posicionamento democrático, situado na perspectiva educacional conhecida como progressista, visão partilhada pelo professor 02.

> [...] era um colegiado expandido. Ou seja, era uma convocação para o colegiado e um convite aos outros professores. Então era como um colegiado expandido. Os professores que podiam participavam de todo o processo. Tanto que aí eu também vejo uma abertura ética nesse sentido, é uma questão democrática, você chama todo mundo para fazer... (PROFESSOR 02).

Vale observar que, mesmo exaltando a ética e o processo democrático, o entrevistado deixa claro que "os professores *que podiam* participavam de todo o processo".

Consideramos dois pontos a partir daqui. Salientamos inicialmente que um docente de uma IES privada, como é o caso, tem sua jornada de trabalho atribuída em horas (sendo comumente chamado de horista) e a maioria desses docentes atuam em mais de uma instituição, já que são raros os casos de professores vinculados às IES privadas com dedicação integral. Quando acontece, em geral, significa 40 horas trabalhadas em sala de aula, ou com uma parcela máxima de 20 horas empregadas para atendimento aos alunos em supervisão de estágios e orientações de projetos. Portanto, a discussão relacionada ao currículo fica relegada ao tempo livre, o que significa a ocupação de períodos não remunerados.

Essa noção de democracia liberal, de direitos iguais, mas de condições extremamente diferentes, acabou norteando o confronto de forças. Com base em Hypólito, Vieira e Pizzi (2009), vimos que se trata de uma situação bastante comum nas IES privadas.

Outro fato a ser destacado é a característica do trabalho designado aos docentes quando solicitado que os mesmos se distribuíssem em subcomissões e estruturassem suas áreas, tendo em vista o diálogo com os eixos que compunham o currículo. Torres Santomé (2008) caracterizaria o procedimento como trabalho alienado, já que pressupunha uma fragmentação seguida de "recompensa extrínseca ao trabalho" (Torres Santomé, 2008, p. 160).

Trabalhar coletivamente não implica que o resultado seja fruto do envolvimento e interesse pelo currículo. Pode até ser um caminho oposto, já que o debate foi alijado da perspectiva emancipatória, conforme vimos nas declarações apresentadas.

Os docentes envolvidos na construção desse currículo são oriundos de formações que os isolam continuamente em suas especificidades, afastando-os dos conteúdos culturais e acomodando-os em áreas do conhecimento cristalizadas. Tais elementos dificultavam a reflexão sobre como ocorreria a integralização de uma proposta curricular em ação.

O fato reportado pelo professor 01 sobre a criação de subcomissões por área de conhecimento (biológicas, esportes, saúde, pedagógicas etc.) para discussão do currículo aponta para uma concepção de Educação Física dada, já que estabelece quais saberes dizem ou não respeito à formação do professor. Quando se estabelece que as temáticas alusivas ao corpo humano serão discutidas pelas ciências biológicas, tornam-se explícitas as concepções de ser humano, educação e Educação Física que fundam a proposta. Ou seja, concepções pautadas em uma determinada tradição da área estabelecida em um espaço legitimado que confere poder a quem nele se integra.

Por fim, vale lembrar que a elaboração do desenho curricular baseado em subcomissões acabou por possibilitar um diálogo costurado, já que cada subárea emergia com características próprias, "prontas", e a partir desse ponto tentava-se uma aproximação que permitisse conferir alguma coesão ao curso.

Pelo que eu pude perceber, em um primeiro momento houve uma resistência muito grande, devido a cada professor querer defender sua disciplina, defender suas horas/aula. Cada professor enxergava com muita resistência qualquer mudança porque achava que ele ficaria com menos aulas do que tinha naquele momento. Então foi difícil convencer a todos de que era uma nova construção e de que a finalidade era fazer um currículo melhor para o aluno, para que o aluno pudesse ter uma formação melhor na área da Educação Física (PROFESSOR 01).

[...] na verdade foi uma experiência importante para mim, porque como eu era da área básica, ou seja, da Anatomia Humana, nós criamos lá algumas disciplinas e conseguimos permear outras, para tentar fazer uma integração, por exemplo, com a Cinesiologia, junto com o pessoal de Treinamento. (...) Então o que a Anatomia podia fazer para dar subsídio para a Cinesiologia, para Treinamento, para Educação Física Adaptada etc. (PROFESSOR 02).

É importante observar que apesar de pertencerem ao mesmo grupo, trabalhando na mesma subárea, os entrevistados possuem interpretações completamente distintas sobre o momento em que se reuniram para constituir a subárea relacionando-a ao curso. Nota-se que a discussão sobre o currículo já partiu de alguns pressupostos que acabaram por determiná-lo. Não se discutiu, em momento algum, sobre qual a real função da disciplina Anatomia Humana para a formação de professores de Educação Física. Sua importância já estava dada. O professor 03 recorda-se do processo de elaboração curricular pontuando envolvimentos distintos dos demais docentes.

Na época foram divididos grupos de pessoas para discutir algumas partes específicas do projeto político pedagógico [PPP] e na realidade o grupo ia discutindo e sendo responsável por formar partes desse PPP, por estruturar mesmo, seja a parte da grade curricular, seja a bibliografia necessária para formar os eixos que articulavam esse projeto. Foi uma participação ativa do colegiado, embora nem todo mundo tivesse o mesmo engajamento ou conhecimento mesmo do que estava acontecendo. Mas sempre foi boa a participação (PROFESSOR 03).

Ele atribuiu a participação ao engajamento individual. Mas engajamento com o quê? Com a área? Com a IES? Com o grupo? Não fica claro. Em sua fala surge a figura do docente militante, que haveria de trabalhar por mudanças. Sabemos que a participação por si só não garante a voz na elaboração de um projeto. Porém, um professor cuja perspectiva rompesse com a tradicional divisão entre as áreas (Saúde, Pedagógica e Técnica) que há muito assombra o currículo da licenciatura em Educação Física poderia ser considerado alguém que não fosse aliado ao grupo, à IES, ou que não tivesse "conhecimento" adequado para aquela situação. Consequentemente, se estabelece um tipo de participação como adequado ou conveniente enquanto outros são excluídos.

O professor 04 mostrou-se mais sensível à questão da participação dos seus pares (talvez, em virtude de sua atribuição ser pequena), embora contasse com o privilégio de possuir funções administrativas na mesma IES, fato que possibilitava sua participação integral na construção curricular.

Não vou lembrar exatamente, mas eu calculo que tivemos uns oito encontros para discutir a questão da elaboração do projeto pedagógico. O coordenador que esteve à frente do grupo à época conduziu a discussão de uma maneira bem interessante, abrindo a discussão, dando oportunidade de diálogo para os professores. Claro que em alguns momentos a questão de estar à frente da coordenação do curso fazia com que ele levasse até o grupo propostas; até porque uma boa parte dos professores não tinha tempo integral na casa, é claro que a gente escorregava em alguns momentos... (PROFESSOR 04).

Esse docente, que se manteve próximo às discussões, lembrou-se de aproximadamente oito encontros, enquanto o professor 01 recorda-se de "umas três reuniões, uma com o pessoal de minha área e depois uma final com todos". Salientamos a relevância das condições que permitiram um envolvimento maior de alguns e o alheamento de outros.

> [...] você percebia que colegas não tinham esse envolvimento por conta de ter uma carga horária pequena e não estar na instituição muitas vezes. Quando digo sobre envolvimento é o de você receber sugestões e situações que poderiam levar novas ideias e contribuições para constituir o projeto pedagógico. [...] tinha um grupo de professores, um núcleo duro de três, quatro, no máximo cinco que conduziam as propostas. Os demais participavam mais... mais opinando, criticando do que propriamente elaborando (PROFESSOR 04).

Mesmo reconhecendo a participação desigual, em nenhum momento o professor 04 critica a estrutura da IES a respeito das condições disponibilizadas para elaboração de um projeto importante como o investigado. Pelo contrário, considerou que durante a construção, a condução do trabalho "realmente abria espaço para o professor se colocar. Isso eu entendo como a parte democrática do processo" (PROFESSOR 04).

Observe-se que o entrevistado conferiu ares democráticos à simples abertura para o docente expressar sua opinião perante uma construção curricular que iria afetar a vida profissional e pessoal dos envolvidos, muitas vezes de maneira contundente. Afinal, a atribuição de aulas interfere diretamente nos vencimentos auferidos, e, quando é significativa, pode trazer tranquilidade para que possam dedicar-se a uma ou duas instituições no máximo, o que garante mais tempo para capacitações, preparo de aulas, elaboração de atividades avaliativas, orientações de trabalhos acadêmicos dos estudantes, bem como disponibilidade para estudos e pesquisas.

O professor mantém a posição mesmo reconhecendo as condições adversas enfrentadas por colegas. Consequentemente, a participação coletiva acabava por transformar-se em uma falácia. Apesar das constatações, apontou o processo de elaboração curricular como resultado de trabalho coletivo sem qualquer questionamento sobre a possibilidade de uma participação mais efetiva dos demais colegas. Estranhamente, não se trata de um posicionamento individual, conforme o depoimento do professor 05.

> Eu acho que foi um processo na medida do possível, porque nós tínhamos prazos, tínhamos uma série de necessidades e pouca disponibilidade dos professores. Foi um processo democrático, porque ofereceram-se oportunidades de todos os professores participarem das construções, das discussões, elaboração das ementas, construção do perfil do aluno, do referencial bibliográfico. [...] Nunca há uma concordância geral. Houve muitas discussões, houve necessidade de um direcionamento maior em muitos momentos por parte da coordenação do curso, mas acho que o processo possibilitou pelo menos a participação de todos em algum momento (PROFESSOR 05).

De modo explícito, o entrevistado relativiza a pouca participação docente, relacionando-a aos prazos exíguos e à dificuldade de disponibilidade dos colegas, sugerindo que a responsabilidade pela participação deva ser atribuída aos docentes, já que foram *oferecidas* oportunidades para que todos participassem do processo de elaboração do projeto. Assim, justifica a necessidade do coordenador ser mais diretivo em determinados momentos, tomando decisões pelo coletivo.

Se considerarmos a exaustiva maratona de reuniões evidenciadas pelos dados coletados – uma reunião semanal durante todo o segundo semestre de 2003 –, entenderemos que para um docente com uma pequena jornada de trabalho na IES, a participação torna-se inviável e, com o decorrer do tempo, aqueles que em alguma medida percebem-se alijados de parte de sua atribuição didática no novo projeto saíram em busca de novos espaços para trabalhar, a fim de evitar uma redução salarial drástica. Essa informação reforça a colocação do professor 04, para quem construiu-se um "núcleo duro" – composto de três ou quatro docentes – que acabou por tomar a frente dos trabalhos relacionados à elaboração curricular. Sobre o fato, um representante discente, ao mesmo tempo em que afirmou sua crença em ter participado de todas as reuniões que envolveram a elaboração curricular, mostrou certo distanciamento das decisões.

Eu tenho quase certeza de que em todas as reuniões eu estava presente. Lembro que em algumas delas, a maioria delas, na verdade, os professores já vinham com um projeto mais ou menos escrito e aí discutiam se era legal ou não, o que era bom, o que não era. Mas efetivamente redigir alguma coisa, trazer uma ideia minha no papel, ou da sala... isso eu não fiz (REPRESEN-TANTE DISCENTE).

É importante discutir qual posição o grupo assumiu com relação à participação dos alunos no processo. Notamos que não é destacada pelos professores entrevistados, e o representante discente colocou-se na situação de mero espectador dos acontecimentos. Consideramos a sistemática das discussões a responsável pela minoração da atuação do graduando. A constituição de subcomissões, conforme denunciada pelo professor 01, ou de grupos por área de conhecimento, ocasionou o fortalecimento de alguns setores. A repartição parece ter criado obstáculos para o engajamento do membro iniciante na comunidade da Educação Física, sendo-lhe difícil articular as perspectivas do alunado com a agenda de interesses dos docentes. É evidente que não houve uma grande preocupação em relação ao posicionamento dos alunos, apenas procurou-se atender o regimento da IES que determinava a constituição do colegiado. Parece-nos que as representações sobre os papéis docente e discente, ou a hierarquização que permeia a relação professor/aluno interferiram.

Ora, antes de acusar os alunos de falta de envolvimento ou interesse, é importante questionar como uma relação dialógica poderia ocorrer em uma situação em que grupos formados por docentes de áreas consideradas afins estruturavam uma proposta e o representante dos estudantes permanecia à deriva, ocupando papel de mero espectador. Some-se a isso o delineamento de princípios para a condução das discussões:

> [...] um princípio didático-pedagógico que tentaria dar conta de discutir todo o processo de metodologia de ensino dos temas centrais da Educação Física e que se colocava na perspectiva de formar o professor educador; um princípio chamado acadêmico-científico, que tentaria dar conta de fazer com que o aluno se despertasse para a necessidade de produção de conheci-

mento [...] e um princípio de inserção regional que também é um dos pilares da instituição, que tinha uma perspectiva de ter sempre uma inserção regional, e que se colocava na perspectiva de formação do cidadão, do professor voltado para a cidadania (COORDENADOR).

Sob influência dos princípios arrolados, estabeleceu-se uma construção curricular atrelada às perspectivas já consagradas sobre a Educação Física, estreitando as discussões sobre a atual função social do componente na educação básica. Sem que houvesse uma discussão mais profunda a respeito de quais são os "temas centrais", ou mesmo sobre a necessidade da centralidade de alguns temas, decidiu-se pelo seu enquadramento no princípio didático -pedagógico. Desse modo, é possível observar que a estruturação do currículo vai sendo feita a partir de concepções arraigadas na área, sem aprofundar ou nem mesmo pautar debates que seriam anteriores ao que se estabeleceu como ponto de partida.

Chama a atenção no decorrer das entrevistas a ausência de menções ao fato que originou a construção curricular objeto desta análise: que o curso estava sob diligência do Ministério da Educação pelo prazo de dois anos. O tema foi praticamente ignorado por todos os participantes do estudo. O silêncio é no mínimo estranho, pois o currículo a ser elaborado deveria atentar para as observações realizadas pela Comissão de Especialistas que fez a avaliação. Mais surpreendente ainda é o prestígio que o antigo currículo possuía entre os entrevistados.

> Sim, o currículo que estava em vigor era muito bom, o de quatro anos. Acho que ele poderia ter sido ajustado para três anos, mantendo sua característica de disciplinas, com alguns ajustes de carga horária e continuaríamos com o padrão de excelência que já tínhamos, um reconhecimento do MEC com nota muito boa, nota 4, o reconhecimento de nossos egressos que já estavam se formando muito bem e com prejuízos menores do que a tentativa de inovação (PROFESSOR 01).

O entrevistado aparentemente teve contato superficial com a documentação elaborada pela equipe que realizou a avaliação. A análise dos relatórios explicitou que a nota 4, citada pelo professor 01, foi atribuída ao curso de licenciatura construído após o ano de 2003. O currículo que ele elogia obteve nota inferior a 3. Sua concepção sobre a situação em que se encontrava o curso de Educação Física talvez se deva ao conturbado contexto provocado pela modificação da legislação. Embora não se possa deixar de considerar a hipótese de que, em casos assim, a proliferação de discursos legalistas colabore para confundir e diminuir os impactos negativos da situação. Afinal, a ninguém interessava a circulação da informação de que o curso se encontrava sob ameaça.

> A diligência foi porque nós tínhamos um único curso que habilitava duas graduações. O curso tinha quatro anos e habilitava para licenciatura e/ou bacharelado. Era essa dicotomia o problema encontrado. De acordo com a resolução de 2002, o curso não poderia mais ter essas características, ele tinha que ter uma característica ou de licenciatura ou de bacharelado (PROFESSOR 01).

A despeito do fato, este professor disse que considera o curso, da maneira que vinha sendo oferecido, como a melhor alternativa para a formação de professores em Educação Física. Exemplificou os prejuízos sofridos pela diminuição da carga horária em disciplinas ligadas aos esportes, enfatizando uma visão dicotômica com a prevalência da "teoria" sobre a "prática".

> Eu acredito que a instituição tem formado bons profissionais. Tem formado bons professores de Educação Física. Eu tenho contato com alguns egressos nos cursos de pós que ministro, uns sete ou oito. E professores assim, que vemos que têm domínio, que têm conhecimento, mas vemos que falta um pouquinho de prática. São professores com uma boa base teórica, mas com pouca vivência prática de quadra, de contato com bola (PROFESSOR 01).

Observa-se tanto a concepção de formação de professores de Educação Física do entrevistado quanto o seu alijamento do novo currículo, posto que, na grade reformulada, o curso manteve disciplinas ligadas aos esportes coletivos e individuais hegemônicos com idêntica carga horária, excluindo apenas Ginástica Artística. No restante, as disciplinas Voleibol, Basquetebol, Handebol, Futebol, Natação e Atletismo mantiveram suas anteriores 80 horas/aula, divididas em dois semestres, conforme projeto pedagógico da IES.

Surge o que entendemos como um debate recorrente na Educação Física, que é a relação entre teoria e prática, consubstanciado no confronto disciplinas teóricas *versus* disciplinas práticas. Bracht (2003) aponta o que chama de despedagogização da Educação Física como consequência do crescimento do fenômeno esportivo no período pós-Segunda Guerra Mundial. O autor revela que no Brasil, ao final da década de 1960 e início da década de 1970, o discurso humanista da Educação Física é substituído por outro, o cientificista. Tal movimento é influenciado pelos países chamados "desenvolvidos", os quais privilegiam a pedagogia desportiva em detrimento "do conceito de teoria da Educação Física, com suas concepções orientadas nas teorias da Educação" (Bracht, 2003, p. 19).

Percebemos que a fala do professor 01 é construída a partir de uma perspectiva de Educação Física que não dialoga com o setor que busca a pedagogização do componente. Já o professor 03, que possui uma formação mais próxima da docência e atuava na área Pedagógica, queixou-se da redução da carga horária sofrida nas disciplinas ligadas às questões educacionais, tais como a Prática de Ensino e Didática. Sobre o currículo a ser elaborado no ano de 2003, lembrou que não havia sequer um projeto anterior, apenas uma intenção de projeto.

> O projeto anterior de quatro anos era um bem incipiente também, com uma base estruturada, uma grade... mas não era um projeto de fato. E teve a necessidade de construir o projeto com base na nova legislação. Fomos conversando e até as pessoas que participavam do colegiado, mas não tinham muito conhecimento sobre a legislação, tiveram que se inteirar a respeito (PROFESSOR 03).

O entrevistado também apontou o despreparo dos docentes, considerando que os membros do colegiado – instância deliberativa no curso – não possuíam conhecimento da legislação em vigor a respeito da formação do professor de Educação Física. Não à toa, seu posicionamento traz indícios de desconfiança do trabalho de elaboração curricular como um todo.

> Na realidade, no início nós pensamos em perfil de egresso. Quando sentamos para conversar sobre isso, buscamos textos anteriores, pensamos em frases bonitas que levassem em consideração a filosofia, a educação, tudo o que se espera da formação de um professor. Era tudo isso que estávamos tentando implementar, a relação do perfil do egresso, com o profissional que está ali, com os objetivos do curso, com os eixos estruturantes... (PROFESSOR 05).

Mais que desconfiança, sugeriu uma desilusão. Aparentemente, o docente demonstrou não acreditar muito na possibilidade transformadora do currículo. Sobre a relação com o currículo anterior, é enfático: "Mas a própria relação de carga horária e disciplina, quais disciplinas, disciplinas específicas, isso não mudou muito, não alterou muito. Acho que manteve muito da estrutura anterior" (PROFESSOR 03).

E apontou uma possível explicação para a manutenção de carga horária e, portanto, do *status* de diversas disciplinas do currículo anterior, confirmando a perspectiva do professor 02, que entendeu a mudança como um "corte de gorduras".

> Acredito... não via este discurso, mas a questão econômica acaba sendo um foco, acaba tendo uma consequência em relação a manter as atribuições, manter os professores e suas especificidades... de não perder a condição do professor. É em função deste critério que eu falo da questão econômica (PROFESSOR 02).

Já o depoimento do professor 04 apontou para um novo elemento, interpretado como um conflito, decorrente de uma questão política no curso:

> Eu acho que existia um conflito entre alguns professores. Quando digo conflito, é porque o curso estava, a meu ver, muito mais com o viés biológi-

co do que pedagógico, e com a chegada do coordenador veio uma ideia de Educação Física que, obviamente, parte do corpo docente compartilhava e parte não. E como era um momento novo, acho que as relações de poder, o que é normal dentro do grupo, fizeram com que as pessoas que não tinham compatibilidade de ideias com o coordenador se mantivessem sem querer questionar muito. Na época nós estávamos transitando em uma crise política interna e acho que isso fez com que as pessoas ficassem um pouquinho receosas de se colocarem em um debate mais profundo (PROFESSOR 04).

O participante do processo verbalizou o que estava em questão na construção do novo currículo: as relações de poder que se modificaram com a chegada do coordenador. Mudança que pode ser vista como uma reestrutura da ordem que o curso mantinha até o momento, no sentido de reordenar as relações entre os docentes.

O professor 01 abordou o fato ao expor que a atribuição de aulas aos horistas forneceu os meios para que o coordenador organizasse tanto o colegiado quanto o corpo docente a seu favor. Como a elaboração do horário ficava a cargo do coordenador e a atribuição das disciplinas também, este detinha uma enorme possibilidade de ampliar ou reduzir cargas horárias, entenda-se vencimentos. Daí que há um grande *topos* de poder na figura do coordenador do curso. Mas também havia resistências.

> Na época em que o coordenador assumiu houve uma desavença com algumas pessoas dentro da universidade, mais especificamente na coordenação de esportes e estas pessoas tinham uma participação muito intensa no curso de Educação Física. Havia vários professores... teve assim, um "racha"! Alguns professores que tinham uma relação mais íntima com a coordenação de esportes ficaram de um lado e outros que não tinham esta proximidade e perceberam no novo coordenador uma possibilidade de mudar para melhor o curso, optaram por ficar com ele. Foi nesse sentido que houve a crise (PROFESSOR 04).

O posicionamento do entrevistado denuncia o descontentamento de parte do corpo docente, que viu na mudança tanto a possibilidade de alterar o foco do curso quanto modificar o "jogo de poder". Vale salientar que o professor emitiu um juízo de valor quando disse que outros docentes perceberam uma "possibilidade de mudar para melhor o curso". Entendemos que mesmo em sua ligação com o currículo anterior e com os docentes ligados à coordenação de esportes, o professor, de certa maneira, admite a necessidade de melhorar o curso. Nota-se que a questão política tomou um vulto que ultrapassava a elaboração do projeto pedagógico pura e simplesmente. O que se percebe é uma disputa pelo domínio do currículo.

A influência de questões que em nada contribuem para a construção de um currículo compromissado com a formação de professores de Educação Física sintonizados com as atuais demandas da sociedade contemporânea também transpareceram na fala do representante discente. Mesmo participando das reuniões de colegiado, ele apontou desconhecer o projeto pedagógico, afirmando que nunca teve acesso ao mesmo, exceto por ocasião da elaboração.

> [...] era muito trabalho, tinha muita apresentação de trabalhos, muito artigo para ler, e isso incomodava os alunos. Eu não sei falar se o curso era bem estruturado, se estava de acordo... De acordo acredito que estava, senão não teria sido aprovado, mas se realmente era o ideal, eu não sei falar, não tenho essa clareza se era o ideal (REPRESENTANTE DISCENTE).

O tom de queixa com relação ao aspecto acadêmico do qual o novo currículo foi investido pode ser creditado à prevalência de uma visão da atuação profissional centrada no mero fazer. O entendimento que a pesquisa e a produção de conhecimentos estão dissociadas da praticidade ainda é muito forte dentre os profissionais, quiçá em grande parte da sociedade. Tal percepção é reforçada através do apelo das IES privadas ao chamado mercado de trabalho, que consolida a ideia de preparação para atuação mediante o mero treinamento de mão de obra.

> A instituição, as faculdades de Educação Física e Fisioterapia perderam muitos professores que davam uma "cara" diferente para quem estudava aqui. Então quem estudou aqui no currículo de quatro anos tinha uns professores muito mais práticos, que tinham muito mais nome no mercado, que era aquilo que o aluno buscava, do que estes que ficaram no curso de três anos.

[...]

E havia alunos que levavam o currículo, estando aqui no segundo ano, por exemplo, que a escola não queria ler. "Ah, mas aqui só tá licenciatura! Eu quero um 'cara' para trabalhar com treinamento, com alguma coisa... Quem que deu aula de futebol, de futsal?" – "Ah, eu não sei" – "Foi jogador, foi técnico, trabalhou onde?" Então, isso era muito ruim e é até hoje para falar a verdade (REPRESENTANTE DISCENTE).

A partir da fala do entrevistado depreende-se um entendimento de estágio como preparação para o trabalho, dando pouca relevância ao local que acolherá essa que deveria ser uma experiência formativa da maior relevância. Ao desconsiderar a instituição escolar como ambiente a ser conhecido com a maior profundidade possível pelos estudantes do curso de formação inicial em Educação Física, e através do estágio vivenciá-la, o participante do estudo sinalizou um distanciamento entre a formação obtida e a educação básica.

Além de reforçar o discurso dicotomizante entre teoria e prática, notamos claramente a perspectiva do representante discente quanto à identidade do professor de Educação Física. Ao ponderar sobre qual é o profissional que legitima um currículo, apontou o mercado como referência para formação de professores em Educação Física, indicou a pesquisa como uma possibilidade, mas sugeriu que o pesquisador em Educação Física é alguém dissociado da prática ou, em suas palavras, alguém que vive "dentro de um laboratório". Constata-se que o graduando compreende a pesquisa como algo menor, por considerar a Educação Física uma área voltada à prática.

Dialogando com as diversas falas presentes no currículo

Levando em consideração o entendimento do currículo como um artefato cultural, como uma "zona de produtividade" (Silva, 2006, p. 21), e entendendo sua construção a partir das relações sociais marcadas pelas lutas de poder e hegemonia, observamos que houve uma preocupação em manter características daquilo que é reconhecido como adequado a um curso de Educação Física.

Na busca da legitimação de uma posição e da manutenção das rédeas do curso, foi necessário que o coordenador barganhasse com a instituição e com os professores. Isso implicou passar tanto pelo entendimento explícito e implícito sobre o que é um curso de Educação Física quanto pela aceitação da proposta pelos docentes e discentes do curso, que vinham de uma experiência, segundo o entrevistado, de um curso com o viés tecnicista e desportivo.

No percurso da entrevista, o coordenador pouco disse a respeito da *sua concepção* de curso, mas procurou creditar o processo de coletivização da construção curricular como responsável pela proposta. Realmente o é, mas a deflagração do processo possibilitou a reestruturação do curso a partir dos espaços de atuação dos professores, da aceitação desses espaços, legitimando-os e garantindo tranquilidade aos docentes em relação à própria atuação. Não estamos nos referindo ao fisiologismo pura e simplesmente, mas à necessidade de estabelecer um ambiente calmo o suficiente para que estes aceitassem e legitimassem a posição da coordenação.

A configuração do início implica a consideração de que o curso que seria construído tinha como dadas determinadas áreas de conhecimento, e que a questão em si era apenas a sua inter-relação e a importância atribuída no currículo novo, "dosando" o espaço de cada disciplina. Inexistiram ocasiões em que o egresso foi projetado por membros do colegiado despidos de conceitos preestabelecidos. Ao contrário, as concepções preexistentes foram reforçadas.

Afinal, quem seria o egresso desse curso? Ao compreendê-lo, segundo o perfil disponível no documento final, como um sujeito crítico, dotado de competências e habilidades para solucionar problemas, encontramos um discurso que subjetiva os estudantes como um "cidadão" de uma natureza moral dada e detentor de um conjunto de "práticas de si" (Corazza, 2001, p. 95).

Trata-se de um olhar que nivela todos os estudantes da área, negando por completo a multiplicidade. Isso significa que os egressos acabam construindo uma representação monolítica sobre o ensino de Educação Física na escola, perante o qual a diversidade da cultura corporal é veementemente desconsiderada em favor da tradição monocultural presente no curso.

Por diversas ocasiões, ao longo da realização do estudo, nos perguntamos por que os docentes envolvidos na construção curricular não aproveitaram a oportunidade para elaborar um currículo comprometido com a formação de professores sensíveis aos ideais democráticos de justiça e igualdade social?

Considerações finais

Inicialmente, entendemos que os mecanismos que envolvem o trabalho docente nas IES privadas acabam por destituir o professor "não só de consciência social mas também de sensibilidade social" (Giroux; Mclaren, 2005, p. 127). Ao analisarmos o projeto pedagógico da IES, identificamos uma preocupação com a formação cidadã e com a criticidade dos estudantes. Entretanto, nas falas dos entrevistados encontramos um corpo docente atuando exclusivamente em regime horista, muitos com menos de 20 horas de dedicação semanal e que participavam das reuniões de elaboração do projeto voluntariamente em períodos extra-aula, ou seja, não recebiam qualquer remuneração pelo trabalho feito. Em grande medida, esses docentes participaram movidos pela preocupação em relação à diminuição da atribuição de carga didática ou mesmo demissão, uma vez que o curso apontava para uma diminuição de um ano em relação ao projeto anterior e reduzia o foco da formação ampliada para a específica, voltada para a docência na educação básica.

Entendemos que o que deveria ser um trabalho de construção curricular coletivo tornou-se uma arena de disputas na qual os docentes procuraram manter seu espaço de poder no novo currículo. Diante disso, pontuamos que, se não houver respeito em relação à dignidade humana, associando relações pessoais ao projeto pedagógico, dificilmente uma construção curricular poderá operar mudanças profundas, quanto mais adjetivar-se democrática. O ambiente relacional pouco democrático que se instaurou durante a construção curricular explica a situação do representante discente. Não é de se estranhar que ele tenha sido praticamente ignorado pelo grupo, posto que grande parte da preocupação recaiu na manutenção dos espaços de trabalho dos docentes.

A divisão do grupo em subáreas possibilitou, simultaneamente, a legitimação dos tradicionais campos de conhecimento que colonizaram historicamente os currículos de formação de professores de Educação Física e também fomentou a disputa por ampliação da carga didática na proposta em discussão.

Nesse momento, a nosso ver, houve um duplo movimento de "abandono" em relação aos docentes. Primeiro, ficaram entregues à própria sorte ao serem impulsionados a debater e legitimar suas áreas específicas. Depois, como boa parte dos entrevistados aponta, vários docentes abandonaram ou nem chegaram a participar dos debates por dificuldades pessoais, fato que acabou por culpar o próprio docente pela sua situação, desconsiderando a ausência de condições para um engajamento qualificado.

Estranhamente, não houve por parte dos entrevistados nenhuma grande alusão ao fato de o currículo anterior encontrar-se sob diligência do Ministério da Educação. Isso deveria ter surgido nas entrevistas, uma vez que subsidiaria os argumentos que surgissem. Alguns entrevistados até demonstraram desconhecer o que gerou a construção do novo currículo, chegando um dos depoentes a explicitar que o antigo era "melhor" que o posterior. Podemos inferir que a força da tradição também se estabelece como um *topos* de poder, a partir do qual se pensa o curso. Entretanto, entendemos que é fundamental debater sobre a compreensão por parte dos depoentes sobre o que é uma construção curricular coletiva. Parece-nos que o grupo parte de uma visão extremamente cartesiana, na qual o todo é exatamente a soma das partes, e o principal problema posto é equacionar o peso destas na composição final.

Ao defendermos a necessidade de desnaturalizar e estranhar o currículo de formação de professores em Educação Física, compreendemos que a ação democrática passa justamente pelo redimensionamento das representações já estabelecidas. Afinal, se houve um posicionamento inicial monolítico para elaboração curricular, parece clara sua culminância em uma formação igualmente monolítica. Não houve movimento algum para inserir discussões sobre questões de classe, gênero, sexualidade, nacionalidade, mídia, ecologia, estética, cultura infantil e juvenil, história, cultura popular, entre tantos temas que perpassam o cotidiano dos professores que ensinam Educação Física nas instituições de educação básica.

Como vimos, o Ensino Superior ampliou suas vagas via IES privadas de tal forma que muito brevemente será possível pensar em uma universalização desse nível de ensino. De fato, é nas IES privadas que se vê um grande número de estudantes que pertencem à primeira geração de sua família a ingressar na universidade. É importante frisar que, antes da expansão do setor impulsionada na década de 1990, os grupos sociais aos quais pertencem esses estudantes encontravam-se alijados de formação superior.

Se nossa compreensão aponta que as diversas lutas sociais encontram-se curricularizadas, como podemos admitir que um aspecto tão gritante como esse seja desprezado pela construção curricular?

Chamou-nos a atenção que em nenhum momento os depoentes consideraram que os estudantes deveriam ser compreendidos como informantes fundamentais para a discussão do currículo. Ao contrário, os depoimentos revelaram que os estudantes ingressavam com pouca ou nenhuma clareza sobre a diferença de formação entre os cursos de licenciatura em Educação Física e graduação em Educação Física, e, para piorar, mesmo ao final do curso, boa parte ainda não possuía tal clareza. A que se deve essa posição tão despolitizada? Podemos inferir que, tal como foi elaborado o currículo, houve uma preocupação muito maior em garantir que conteúdos presentes em certas áreas do conhecimento constassem, mesmo que de forma descontextualizada, o que inviabiliza compreender não só a sua relevância social como também o papel que o formado pelo curso exerceria na sociedade.

Outro ponto que merece ser destacado é a formação de dois grupos na elaboração curricular, um apoiando o coordenador recém-chegado e outro que se antepunha. Foi possível depreender das entrevistas que tal divisão já existia, mas havia uma certa "ordem" no curso em virtude da hegemonia de um determinado grupo, tendo em vista seu poder decisório sobre a atribuição didática. Com a chegada do coordenador não houve uma mudança da situação; o que ocorreu foi a troca de um grupo que estava desprestigiado por outro que viu na nova estrutura do curso uma possibilidade de aninhar-se no lado hegemônico.

Fica claro que não se trata da predominância de uns sobre os outros, solapando ideias. Não estamos julgando a situação, mas entendemos que a busca por ações que desemboquem em uma construção democrática deve encontrar caminhos para garantir que as diferentes vozes sejam ouvidas. O caso apontou para a substituição de um grupo por outro, mantendo a dinâmica de dar voz a determinados setores e silenciar outros.

Chama a atenção também a relação existente entre a licenciatura e a graduação em Educação Física, sendo a última referida como bacharelado pelos participantes da investigação. Nossa percepção é a de que em momento algum ocorreu uma referência clara a esse debate. Ele aparece escamoteado em meio às discussões da construção curricular, como se fosse possível contornar um debate que vinha se construindo historicamente e urgia de encaminhamentos. Houve uma tendência a optar pela espera, a protelar as possibilidades, buscando um currículo que não abrisse mão das características tanto da licenciatura quanto do bacharelado presentes no currículo anterior, aguardando assim as decisões vindouras.

Compreendemos a posição, mas observamos que os membros do colegiado deixaram passar uma oportunidade histórica de ampliar o debate sobre a Educação Física no Brasil e ousar uma experiência inovadora.

Também verificamos que não houve uma discussão relacionada a uma concepção de escola. Como preparar indivíduos para a docência na educação básica sem considerar a escola? Foi, para nós, gritante a ausência da instituição de educação básica no debate, embora tenha servido para complementar as observações anteriores. Se não houve, por parte dos docentes, um olhar para os estudantes de Educação Física, tampouco houve a preocupação de compreender a escola como o *locus* privilegiado, no qual o egresso do novo currículo iria atuar. Na ausência de uma preocupação em compreender ou posicionar-se em relação à escola, de verificar como a comunidade escolar percebe a Educação Física, como delinear o perfil de um professor de Educação Física, já que tal tarefa exige o reconhecimento da instituição para a qual o licenciando se preparará para trabalhar por muitos anos?

Outra ausência sentida nesta construção foi o professor de Educação Física que atua na educação básica. Não se fez menção ao reconhecimento desse sujeito, quais suas contribuições, quais suas representações sobre escola, Educação Física e sobre os cursos de formação de professores. Contribuições de fundamental importância, já que o mesmo poderia trazer elementos essenciais para um debate real em relação à formação inicial.

Enfim, o estudo realizado possibilitou compreender que a ideia de trabalho coletivo que permeou a construção curricular, ao sofrer um estranhamento durante a pesquisa, mostrou-se frágil e destituída de um caráter democrático, já que compreendemos que a democracia realiza-se através da aproximação e diálogo dos diferentes grupos envolvidos no processo. A construção curricular que serviu de base para o estudo carece de ancoragem social, ao destituir a voz de atores fundamentais, como os estudantes do curso e suas representações sobre a Educação Física escolar, e a própria escola enquanto instituição social que produz conhecimento a partir de suas próprias inter-relações, e tais conhecimentos devem ser considerados, analisados pelos cursos e pelos docentes formadores de professores, para que as temáticas que irão compor o currículo surjam a partir da investigação do ambiente escolar, e não centradas em acordos meramente políticos, de cunho mais administrativo que pedagógico; ou que se fixem em tradições da área totalmente desvinculadas da realidade escolar. Entendemos que as condições proporcionadas pelas IES privadas privilegiam a fragmentação e o distanciamento dos docentes pelas suas atribuições e funções nos cursos. Por esse motivo nosso estudo defende que a formação de professores comprometida com a justiça social somente será possível partindo da aproximação entre os cursos e os docentes formadores e a escola, através de ações que possibilitem a compreensão e a intervenção nesse espaço.

Referências bibliográficas

ALVIANO JÚNIOR, W. **Formação inicial em Educação Física**: análises de uma construção curricular. Tese (Doutorado em Educação) – Faculdade de Educação. Universidade de São Paulo. São Paulo: FE-USP, 2011.

BAZZO, V. L.; SHEIBE, L. Políticas governamentais para a formação de professores na atualidade. **Revista Brasileira de Ciências do Esporte**, v. 22, n. 3, p. 9-21, Maio 2001.

BENITES, L. S.; SOUZA NETO, S.; HUNGER, D. O processo de constituição histórica das diretrizes curriculares na formação de professores de Educação Física. **Revista Educação e Pesquisa**, São Paulo, v. 34, n. 2, p. 343-360, Maio/Ago 2008.

BRACHT, V. A constituição das teorias pedagógicas da Educação Física. **Caderno CEDES**, Campinas, v. 19, n. 48, 1999.

BRASIL. Resolução n. 03, de 16 de junho de 1987. Conselho Federal de Educação, 1987a.

BRASIL. Parecer n. 215, de 1987. Conselho Federal de Educação, 1987b.

_____. Resolução CNE/CP n. 1, de 18 de fevereiro de 2002. Conselho Nacional de Educação, 2002a.

_____. Resolução CNE/CP n. 2, de 19 de fevereiro de 2002. Conselho Nacional de Educação, 2002b.

COLLET, C. et al. Formação Inicial em Educação Física no Brasil: trajetória dos cursos presenciais de 2000 a 2006. **Motriz**, Rio Claro, v. 15, n. 3, p. 493-502, Jul/ Set 2009.

FOUCAULT, M. **A ordem do discurso**. São Paulo: Edições Loyola, 2005.

GIROUX, H. A.; McLAREN, P. Formação do professor como uma contra-esfera pública: A pedagogia radical como uma forma de política cultural. In: MOREIRA, A. F.; SILVA, T. T. (Org.). **Currículo, cultura e sociedade**. São Paulo: Cortez, 2005.

GOODSON, I. **Currículo**: teoria e história. Petrópolis: Vozes, 1995.

HYPÓLITO, A. M.; VIEIRA, J. B.; PIZZI, L. C. V. Reestruturação curricular e auto -intensificação do trabalho docente. **Currículo sem Fronteiras**, v. 9, n. 2, p. 100-112, Jul/Dez 2009.

INEP. **Avaliação dos cursos de graduação**. Brasília, DF, 2006.

KINCHELOE, J. L.; BERRY, K. S. **Pesquisa em educação**: conceituando a bricola-gem. Porto Alegre: Artmed, 2007.

MOREIRA, A. F.; SILVA, T. T. (Org.). **Currículo, cultura e sociedade**. São Paulo, Cortez, 2008.

NEIRA, M. G. O currículo multicultural da Educação Física: uma alternativa ao neo-liberalismo. **Revista Mackenzie de Educação Física e Esporte**, São Paulo, v. 5, p. 75-83, 2006a.

_____. Por um currículo multicultural da Educação Física. **Presença Pedagógica**, v. 12, p. 31-40, 2006b.

_____. Desvelando Frankensteins: interpretações dos currículos de licenciatura em Educação Física. **Revista Brasileira de Docência, Ensino e pesquisa em Educação Física**, Cristalina, v. 1, n. 1, 2009.

NEIRA, M. G.; NUNES, M. L. F. **Pedagogia da cultura corporal**: crítica e alternati-vas. São Paulo: Phorte, 2006.

_____. **Educação Física, currículo e cultura**. São Paulo: Phorte, 2009.

NUNES, M. L. F.; NEIRA, M. G. Frankenstein e outros monstros: o currículo e os sujeitos da formação em Educação Física. In: **Anais do IX Encontro de Pesquisa em Educação da Região Sudeste**. São Carlos: UFScar, 2009.

SILVA, T. T. **O que é, afinal, Estudos Culturais?** Belo Horizonte: Autêntica, 2006.

_____. **Documentos de identidade**: uma introdução às teorias do currículo. Belo Horizonte: Autêntica, 2007.

TORRES SANTOMÉ, J. As culturas negadas e silenciadas no currículo. In: SILVA, T. T. (Org.). **Alienígenas na sala de aula**: uma introdução aos estudos culturais em educação. 7. ed. Petrópolis: Vozes, 2008.

Ensino Superior, Educação Física e identidade(s) docente(s): da alquimia à solidão

Rubens Antonio Gurgel Vieira

Introdução

Em tempos de intensificação das políticas de identidade, ser professor é fazer parte de lutas por concepções de convivência humana, não havendo neutralidade nas opções teóricas – e consequentemente políticas. Se o conhecimento veiculado no processo de formação influencia futuras identidades profissionais (e culturais), a determinação do que será ensinado (e como) é uma decisão política com resultados diretos no contexto sociocultural mais amplo. Toda essa trama influi decisivamente nas concepções de sociedade, educação, Educação Física e currículo dos professores que atuam no Ensino Superior.

Os docentes têm sido posicionados pelos discursos educacionais contemporâneos através de representações sobre como devem ser e agir, o que interpela e oprime suas identidades. Apesar do fator em comum da dedicação ao ensino, a identidade docente é extremamente heterogênea em suas características. Somada a isso, a descentralização que resultou na crise de identidade em conjunto com a historicidade do ser humano e da própria sociedade (Hall, 2001) nos leva a concluir que faz mais sentido falarmos em identidades docentes no Ensino Superior de Educação Física, no plural, pois as transformações são frequentes e muitas vezes contraditórias.

Essas identidades estão sendo forjadas nos currículos substantivos e epistemológicos[1] da Educação Física, nos quais o conflito entre as diferentes óticas do componente e a sociedade reflete disputas amplas dentro do contestado terreno do currículo. Essa arena de lutas compõe o processo de formação dos futuros docentes, que dificilmente é homogêneo e livre de contradições em seus objetivos e conteúdos (Neira, 2009; Nunes, 2011). Para exemplificar, os alunos dos cursos de formação contemporâneos acessam por essa via conflituosa conceitos dos currículos ginásticos, esportivista, saudável, psicomotor, desenvolvimentista e as diferentes concepções de currículo cultural.[2]

Com esse contexto em foco e amparados pelos conceitos de currículo (Silva, 2007) e identidade (Hall, 2001, 2008), coletamos histórias de vida através de entrevistas pautadas na metodologia da História Oral (Meihy, 1996; Meihy e Holanda, 2010). Constituíram-se como sujeitos da pesquisa docentes que atuam no Ensino Superior em Educação Física da cidade de Sorocaba/SP. O estudo teve como objetivo buscar subsídios para uma investigação das identidades docentes, seus discursos, bem como os saberes que os cercam e constituem, problematizando como chegaram a ser o que dizem que são e como foram engendrados nessa história.

Entrevistamos cinco professores das cinco instituições que oferecem a licenciatura em Educação Física na cidade, denominados doravante de *professor* 1, 2, 3, 4 e 5.[3] Na ocasião, eram os principais responsáveis, nos respectivos cursos, pelas disciplinas denominadas "pedagógicas", cuja nomenclatura possuía algumas variações.[4] As entrevistas foram realizadas durante os anos de 2011 e 2012. No primeiro momento o foco residiu nos aspectos epistemológicos, que incluem o embate curricular da Educação Física escolar e os reflexos nas

---

1 Inspirados da definição de Du Gay (apud Woodward, 2008), denominamos de currículos epistemológicos os aspectos do currículo da Educação Física que agregam conceitos e conhecimentos sobre como deve ocorrer, na prática escolar, a função do professor na sua relação com os alunos, cotidiano escolar e condição política-pedagógica. O conceito inevitavelmente abarca o debate acadêmico entre diversas concepções curriculares, justamente pelas diferenças que comportam entre si. Por sua vez, o currículo substantivo é compreendido como aquele efetivado nas estruturas das instituições de Ensino Superior, através de relações culturais moldadas pelo poder contextual.

2 Não é foco deste estudo uma revisão conceitual e histórica sobre os diversos currículos da área, uma vez que esse debate é fartamente documentado.

3 A análise completa das entrevistas e o detalhamento da metodologia estão presentes em Vieira (2013).

4 Por exemplo, Didática, Metodologia de Ensino de Educação Física, Prática de Ensino, dentre outras.

identidades docentes; no segundo, a atenção voltou-se aos aspectos curriculares substantivos, incluindo a materialidade que posiciona os sujeitos no Ensino Superior.

Aspectos epistemológicos da identidade docente

Estudar a identidade docente é atentar para o contexto, desde aspectos da gestão do Estado até as especificidades do componente curricular, passando pela visão de rede de ensino, cotidiano da escola e interação com os alunos. É investigar os discursos e as práticas de significação que classificam esses espaços, posicionam seus sujeitos e compõem a cultural local. Inicialmente, buscamos identificar nos discursos indícios dos currículos de Educação Física escolar que apoiam suas aulas, o que possibilitou visualizar certa confusão conceitual.

> Eu não acredito em "eu sou isso, eu tenho que fazer isso". Fui formada assim, mas eu tenho a percepção clara que só isso não existe. Tanto é que eu me afastei agora do Estado [São Paulo], sou professora efetiva do Estado também, seis anos… e nunca fui desenvolvimentista. Para falar a verdade, a que eu menos uso é a da psicomotricidade, porque eu acho que nada mais é que outro nome: desenvolver a parte cognitiva através do movimento, é a mesma coisa (PROFESSOR 01).

Suspeitando de que a falta de clareza conceitual acerca dos diversos currículos que compõem a área se tratasse de uma condição limitante a vários profissionais, decidimos que não seria recomendável desenvolver o tema de forma direta. A estratégia utilizada foi estimular os docentes a narrar outros aspectos que envolvessem as identidades, como questões macro acerca da posição da Educação Física na educação e na sociedade, e questões micro sobre a atuação em sala de aula – no passado e no presente. Dessa forma, pudemos compor um texto sobre os principais discursos que sustentam suas práticas e marcam suas identidades.

Quando os entrevistados foram estimulados a discorrer sobre esses assuntos, percebemos uma concepção de área difusa, com representações distorcidas[5] da função da Educação Física escolar. Nas entrevistas transcriadas, alguns discursos proferidos nos levam a crer que a compreensão dos docentes acerca da crise epistemológica e identitária presente na área ora é superficial, ora não se apresenta. Referências de ações críticas se resumem a algumas circunstâncias excepcionais, como a regulação do Conselho Regional de Educação Física e as condições oferecidas pelas instituições de ensino. Ou seja, a criticidade se limita ao discurso contrário a determinados mecanismos de controle institucionais e profissionais, sem adentrar a temática das possibilidades de resistência via currículo epistemológico.

> Eu sou muito crítica sobre a educação. Sobre a formação, tanto sobre o curso quanto os professores, precisa mudar. Os cursos estão desprestigiados, é como se qualquer um pode, qualquer um faz. Isso passa para a comunidade, passa para o aluno que será formado, isto está nas escolas. Esta onda de que o professor dá a bola e é muito criticado, mas daí vai lá e dá queimada o ano inteiro. Só mudei a atividade. Precisa passar por um processo, se não vamos perder, qualquer dia qualquer um dá aula de Educação Física. Só que eu não vejo muito a política querer. O nosso próprio conselho é extremamente político, interessado em poder, as coisas que ele faz, cobrança, não é do jeito que eu acho que deveria ser. Então hoje eu vejo uma pequena crise na identidade da Educação Física, tanto no que sai da faculdade quanto com o que acontece fora dela (PROFESSOR 01).

O currículo que forma futuros professores na área é produto de tensões, descontinuidades, rupturas e disputas culturais, sociais e políticas. Quando alinhado a concepções acríticas favorece interesses distantes da coletividade. Isso refletirá uma concepção de Educação Física que desconsidera as injustiças sociais. Neira e Nunes (2006; 2009) demonstraram como o poder age nos

---

5 Distorções no campo da cartografia, telecomunicações ou engenharia de áudio são falhas ou infidelidade na transmissão de dados. As representações como materialidade não podem ser distorcidas, pois não há uma representação fiel, na medida em que todas estão conectadas com sistemas classificatórios que lhes dão suporte, não se tratando, portanto de algo que possa ser julgado ou avaliado fora de disputas de significação. Entretanto, quando nos referimos a representações distorcidas trata-se de representações que não se alinham com o referencial teórico que dá sustentação à argumentação. Assim, não estamos julgando os professores dentro de uma posição confortável de superioridade epistemológica, mas, sim, analisando as identidades que assumem e a relação desta com o currículo o qual os sujeitos defendem.

currículos do componente de modo a construir identidades afeitas a determinados interesses. Em obras elucidativas, procuram distinguir as visões de sociedade propostas nos currículos da área – esportivo, desenvolvimentista, psicomotor e saudável. Os docentes que se alinham a esses currículos colocam em circulação discursos que não questionam as desigualdades, sendo insensíveis às necessidades de transformação social em favorecimento a minorias oprimidas.

É preocupante, portanto, que alguns docentes se encontrem à margem da discussão e não apresentem posicionamentos sobre a crise que acometeu o campo nem tampouco abordem o surgimento do currículo cultural como crítica ao que vinha sendo feito, mesmo que a produção teórica que defenda esta visão de mundo já possua algumas décadas.[6] As raras menções evidenciam que a posturas crítica e pós-crítica encontram pouco eco.

Nos discursos docentes acríticos, alguns dados fornecem indícios que corroboram a confusão curricular e a superficialidade de compreensão da área da Educação Física escolar, como a escassez de autores citados como referências teóricas. Por outro lado, nos discursos críticos chama a atenção a curta experiência profissional dentro das escolas. De uma forma geral, os colaboradores não apresentaram histórico de atuação na educação básica além de experiências curtas e malsucedidas. Os discursos que sustentam as identidades desses profissionais, ou as interdições, começam a se apresentar. O próprio docente tece a crítica acerca das limitações que a falta de experiência no "chão da escola" pode trazer para docentes que ocupam disciplinas pedagógicas, consequência da inserção no Ensino Superior imediatamente após a aquisição do título acadêmico:

> O professor de Ensino Superior vai lá, faz o Mestrado, aconteceu comigo... pouquíssimo tempo fiquei na escola, seis meses fiquei na escola, como estagiário ainda, no primeiro semestre da faculdade e depois pintou academia, pintou Mestrado e pintou Ensino Superior. Ou seja, o que eu posso falar de escola hoje? Que exemplos, que história eu tenho para contar? Só o que eu leio, só o que eu ouço, eu não estou no chão da escola (PROFESSOR 03).

---

6 Consideramos como marco crítico a obra *Metodologia do Ensino de Educação Física* (Soares et al., 1992). Obras anteriores se limitaram a criticar a situação do campo sem, no entanto, apresentar propostas. Como marco de inserção nas teorias pós-criticas adotamos Neira e Nunes (2006).

Quando não se possui clareza epistemológica dos currículos da Educação Física escolar, as opções teóricas que fundamentam os discursos e representam a identidade podem se apoiar em referenciais como tradição, comodismo e pressão político-pedagógica. Mesmo que não haja explicitação desses condicionantes na voz dos professores, inexiste posicionamento livre da conexão com a disputa cultural. A interdição de alguns posicionamentos que deslocam representações tradicionais e acríticas deixam mostras de operações de poder mais amplas.

Todavia, se recuperarmos os argumentos de Silva (2007), para quem o currículo forja identidades não somente discentes como também docentes, será lícito afirmar que o currículo da licenciatura em Educação Física é fonte de representações também para os professores que nele atuam, conferindo-lhes significados específicos com respeito à concepção de escola, aluno, ensino, aprendizagem e docência. Portanto, é de suma importância o reconhecimento de que os docentes estão igualmente sujeitados por contingências em um contexto guiado por vetores desproporcionais. Não se pode pensar que somente os professores disseminam noções enviesadas sobre a prática escolar, pois o próprio currículo que lhes dá guarida faz o mesmo com eles, o que os torna criadores e criaturas simultaneamente (Nunes, 2011).

> Meu estudo no Mestrado foi totalmente diferente, porque daí a primeira coisa que ela falou foi isso: "Você vai entrar aqui, mas vai fazer seu projeto na linha que a gente está estudando. Não vai fazer o seu projeto, que você mandou aqui". Tanto é que ela nem me perguntou do meu projeto, nem queria saber (PROFESSOR 01).

As identidades, inclusive as docentes, são constituídas como atos de poder dentro de relações complexas. É o ponto de encontro (ou sutura) entre os discursos e práticas interpelativas que convocam os sujeitos a assumir determinadas posições, subjetivamente temporárias, contextuais e contingentes. Tais discursos são inúmeros, controversos e coexistentes. Isso explica o sentimento de pertencimento a instituições, ações, convenções e decisões contraditórias que assolam os indivíduos pós-modernos.

Hoje estou entre a cruz e a espada porque acumulo o trabalho de professor, que é o que eu gosto, com o trabalho de gestor na faculdade, e com a tese de Doutorado. Pra você ver como são coisas completamente diferentes, porque a tese é científica e filosófica, e como gestor eu não posso ser nenhum dos dois, às vezes. Em sala de aula talvez eu tenha que ser os dois. Então, em determinado momento eu estou ligado em uma, de repente tem que desligar e ligar outra parte. Sai de gestão, entra em sala de aula, sai de sala de aula entra em Doutorado, então tem que apagar uma para acender a outra, como a luz (PROFESSOR 03).

Para Nunes e Rúbio (2008), como a identidade é tecida em conjunto com a estrutura sociocultural, o professor de Educação Física também tem sua identidade constituída discursivamente em processo de constantes identificações. O mesmo professor pode se identificar com distintos posicionamentos curriculares e, além do permanente conflito entre identidades docentes, ainda ser afligido pelas disputas identitárias familiar, religiosa, étnica, racial, sexual etc. Os professores são igualmente interpelados pelos diversos currículos, compostos por múltiplos discursos, muitas vezes contraditórios. O mesmo sujeito pode promover conteúdos curriculares diferentes em situações semelhantes, ou ações semelhantes para contextos diferentes. Veja-se, por exemplo, a referência, como fonte de inspiração e conhecimento, de autores que representam teorias distanciadas e currículos radicalmente distintos.

Com relação a autores, o que eu tenho usado bastante é a Tizuko Kishimoto, porque ela tem uma área bem desenvolvida nesta questão dos conceitos do jogo, nesta questão do brincar, né, e tem muito a ver com a Educação Física infantil. O próprio Neira também é um professor que eu uso bastante, principalmente nas discussões da questão da Educação Física escolar, com várias abordagens importantes. Bom, aí tem outros né, para a análise motora eu costumo usar o Gallahue. Tem vários, tem a Catarina Rodrigues, que fala da educação infantil; João Batista Freire é um autor que às vezes eu gosto de usar, tem umas ideias bacanas; na Educação Física, que eu tenho usado bastante, é a Gisele, não me recordo do sobrenome, que tem vários artigos que eu tento usar (PROFESSOR 04).

De acordo com o contexto histórico, contingências locais, discursos dominantes e as relações de poder entre os sujeitos, os currículos influenciarão a identidade profissional, constituída através de um processo constantemente reelaborado pelo seu fazer pedagógico. Os docentes não podem ser considerados os únicos culpados por atuações monoculturais[7] ou acríticas, é um equívoco responsabilizá-los pela perpetuação de práticas educativas reprodutivistas. Os professores também se encontram expostos a representações e discursos que os interpelam a assumir posições de sujeito alinhadas com uma sociedade desigual. Isto ocorre em um *continuum*[8] delimitado por questões curriculares reguladas por tendências macro, forjando algumas das identidades que portam hoje.

> A Unesp me deu uma formação desenvolvimentista. Eu sei que eu não vou focar demais nisso, mas eu passo bastante esse lado. A questão do desenvolvimento motor, o quanto isso é importante (PROFESSOR 01).

> [...] tentando fazer uma avaliação do que eu vivi nesta faculdade, os alunos que passaram por mim, daquela ideia do currículo meio "Frankenstein", com várias correntes permeando a prática de coisas que não se conversam, mas que muitas vezes a gente utiliza (PROFESSOR 02).

> Na pós de Treinamento fiz minha primeira monografia, se eu pegar hoje eu choro de ver, tá horrível. Foi o meu primeiro contato com pesquisa e dali eu fui pro Mestrado. Então considero como primeiro trabalho científico da minha vida as coisas que saíram do mestrado. Tanto as publicações durante [o curso] como a dissertação (PROFESSOR 03).

---

7   De acordo com Kincheloe e Steinberg (1999), há diversas respostas para as tensões da sociedade multicultural contemporânea. Entre estas, o monoculturalismo defende uma superioridade patriarcal ocidental. Neira (2007) defende o multiculturalismo crítico como alternativa para subsídio teórico na proposta de um currículo de Educação Física sensível à dinâmica do poder, visando um conhecimento mais profundo das representações que se articulam com questões de materialidade e desigualdade.

8   Em uma análise sociológica, Bauman (2005) afirma que a identificação é um dos fatores que atuam na divisão estratificada da sociedade, através de um *continuum* que vai da identidade escolhida até a identidade imposta. Em um polo se encontram aqueles que, dentro de uma configuração globalizada, possuem muito mais ferramentas para articular e desarticular suas identidades nos limites de suas vontades, enquanto no outro polo se encontram aqueles que estão relegados a identidades subalternas, impedidos de manifestar suas preferências, oprimidos por uma identidade imposta.

> Hoje eu tenho Iniciação ao Basquetebol, Iniciação ao Voleibol, isso sempre em nível escolar, e Educação Física Infantil, Educação Física no Ensino médio, e este ano Educação Física no Ensino Fundamental. E também Ludicidade e Desenvolvimento Psicomotor (PROFESSOR 04).

> Então estou entrando na PUC na área de educação para a saúde, e vou desenvolver um trabalho com os doentes renais crônicos. O objetivo é ver o benefício da prática de atividade física no combate ao sedentarismo dos pacientes renais crônicos e a melhora da qualidade de vida dessas pessoas (PROFESSOR 05).

Frente às últimas transformações que acometeram a área, em especial a evolução do debate acadêmico acerca dos currículos da Educação Física escolar, os docentes precisam constantemente rever seus discursos, seus posicionamentos, acomodar suas identidades ante os abalos e provocações que circulam entre os sujeitos que fabricam e são fabricados por esse substrato da cultura. Muitas vezes impossibilitados de incursões profundas e significativas, as reflexões docentes buscam no senso comum as soluções necessárias.

Discutir as identidades é discutir questões articuladas com os processos que as forjam. Para Silva (2008), o processo de classificação é central na vida social, sendo sempre realizado a partir das identidades, hierarquizando as relações entre as diversas posições de sujeito. Quando estudamos as identidades, problematizamos binarismos que refletem as convenções do poder, pois a normalização[9] é um dos processos mais sutis pelos quais o poder atua no campo identitário. Uma identidade homogeneizante é vista como a única alternativa social aceitável, e, quanto maior a sua força, mais invisível nas análises sociais. Para alcançar a invisibilidade, a identidade deve ser reforçada continuamente visando uma rigidez, uma fixação da norma. As análises empreendidas até aqui nos levam a afirmar que se encontram invisíveis, no currículo da Educação Física, identidades acríticas e alinhadas aos discursos hegemônicos.

---

9 Segundo Silva (2008), normalizar significa eleger arbitrariamente uma identidade que servirá como parâmetro para avaliar e julgar as demais, atribuindo-lhe todas as características positivas existentes, o que a torna a única identidade, natural e desejada, deixando para as demais características negativas.

Mesmo diante dessa hegemonia, cabe ressaltar que o processo de diferenciação está sujeito a outras propriedades da linguagem. Em um sistema de diferenças linguísticas, os signos não possuem sentido de forma isolada. A linguagem "vacila", ou seja, é um sistema instável, pois o que liga o artefato material ao signo não é nada além da convenção linguística. Portanto, a identidade normalizada também é desestabilizada por forças contrárias à sua fixação.

Como o processo de diferenciação identitário se vincula aos sistemas de significação, na teoria cultural, as identidades precisam ser representadas (Silva, 2008). Portanto, quando questionamos uma dada identidade, a rigor questionamos os sistemas representacionais que a suportam. Como os questionamentos na área da Educação Física acerca da sua função social, seu papel como reprodutora de desigualdades, a crise posterior ao momento das primeiras formulações críticas, além da recorrente busca por uma identidade, são discursos que já circulam há algumas décadas, acreditamos que as fronteiras dessa naturalização estão sendo constantemente contestadas. A questão "O que é Educação Física?" é familiar a todos os espaços profissionais e acadêmicos, sendo difícil manter-se alheio às disputas curriculares que ela explicita.

Como os antigos aportes teóricos que sustentavam os discursos e práticas começam a se tornar fluidos, ampliados ou contestados por muitos outros currículos, as identidades docentes de Educação Física necessariamente precisam se posicionar. Como conciliar as pressões da diferença em conjunto com as identificações mais resistentes? Sendo uma das características da identidade dar guarida aos abalos psíquicos, e considerando que dúvidas do gênero podem perturbar identidades docentes, se faz necessária uma alternativa que resolva a questão: por que não mesclar os currículos?

Partindo desse pressuposto, encontramos um discurso recorrente na memória coletiva com enorme potencial performativo,[10] que julgamos ser a resposta da identidade normalizada para o surgimento das diferenças no terreno

---

10 Deve-se tomar o cuidado para não compreender a identidade somente pela descrição das representações. Se a identidade é fluida, instável e em constantes transformações, é o conceito de *performatividade* que desloca a ênfase no que é, para o que está se tornando. É importante frisar que todo enunciado performativo é necessário para o resultado daquilo que prediz, pois faz com que algo aconteça. A produção das identidades pode ser performática na medida em que enuncia repetidamente algumas qualidades que acabam por se naturalizar como consenso. Assim é construída uma imaginária suturação à história através da invenção de uma tradição (Hall, 2008).

curricular. Esse discurso compreende como alternativa viável a combinação dos currículos epistemológicos, ou seja, uma *alquimia da Educação Física escolar*.

Alquimia é uma prática antiga que combina elementos da Química, Antropologia, Astrologia, Magia, Filosofia, Metalurgia, Matemática, Misticismo e Religião e foi praticada na Mesopotâmia, Egito antigo, mundo islâmico, América Latina pré-histórica, Egito, Coreia, China, Grécia Clássica e Europa. Pela sua característica de buscar a junção de diversas práticas tradicionalmente distanciadas, utilizamos o termo como analogia, mesmo que superficial, para exemplificar a união discursiva de currículos distanciados da Educação Física, com vocações, visões, objetivos e metodologias conflitantes. As vozes defensoras dessa hibridização estiveram presentes nas entrevistas:

> Então é assim, eu não levanto bandeira nas minhas aulas de nenhuma delas, porque eu acredito que é a junção. [...] Não levanto bandeira alguma e acabo citando todas. Muitos podem falar, então, "você não ensina nenhum dos lados", ou "você mescla tudo". Não sei se isso é bom, ainda não sei (PROFESSOR 01).

> Não vejo uma teoria como mais... gosto mais de uma do que de outra. Me identifico mais com uma do que com outra. Porém eu acho que todas são legais. Todas foram importantes para a Educação Física. São importantes para a área (PROFESSOR 03).

Também foi possível distinguir o discurso curricular híbrido através das narrativas das práticas efetuadas no cotidiano pedagógico e dos objetivos das aulas do componente na escola, em que mesclam marcadores dos currículos psicomotor, desenvolvimentista e saudável.

> Eu uso muito o imaginário. Então eu acho que o uso do imaginário deve ser o tempo todo, para ter uma aproximação com as crianças. [...] Então, basicamente, a gente procura sempre desenvolver as habilidades motoras básicas. Correr, saltar, rolar, equilibrar, saber [...] Então acho que realmente o papel é conscientizar o aluno disso. Na sociedade, eu penso o aluno como uma célula, se a gente faz essa formação de acordo com o que a gente acre-

dita, essa célula vai gerar uma sociedade saudável. Uma geração que acredita na atividade física, que valoriza o profissional de Educação Física, eu acho que é isso (PROFESSOR 04).

O ensino tem que formar os alunos em todos os seus aspectos: biológicos, psicológicos, afetivos, motor. E a gente tem que prezar muito a nossa missão, porque eu acho que lá na frente se ele não gostar de fazer atividade física, os culpados somos nós [...] Você pega o vôlei e o basquete e já coloca no jogo, já joga a bola, sem olhar para o aluno. Não vê se ele tem um padrão postural certinho, se ele sabe respirar, se ele sabe contrair, se ele sabe se equilibrar, se a coordenação motora está boa. Falta isso para nós, observar a base, para que a gente possa ter resultado. [...] E a escola tem papel importantíssimo na vida da criança, porque ela pode nesse tempo formar pessoas mais felizes. Mais interessadas em fazer atividade física. Seria tão bom que quando as pessoas saíssem do Ensino Médio elas arrumassem um tempinho entre faculdade e trabalho para fazer atividade física (PROFESSOR 05).

O discurso alquimista, consciente ou não das particularidades de cada currículo, sua produção acadêmica e seus efeitos substantivos pelos regimes de verdade, defende que a hibridização dos currículos epistemológicos através dos pontos "fortes" ou "positivos" de cada um comporia uma alternativa interessante para a escolarização. A alquimia não é novidade na esfera acadêmica. Sanches Neto e Betti (2008) elaboraram uma proposta pedagógica que defende a integração das teorias científicas que apoiam os diversos currículos da Educação Física escolar, por eles denominados de abordagens.[11] Todavia, os docentes entrevistados não apontam fundamentação teórica ou embasamento empírico de como seria realizada a mescla curricular. Algumas sugestões incluem uma dispersão dos currículos epistemológicos ao longo da escolarização:

Hoje já se admite isso, "isto da desenvolvimentista é legal, vou por aqui ó, agora isto da cultura, é legal também, vou por ali". Junta-se tudo, sei lá. Eu

---

11 Segundo Neira (2011), tem sido frequente na área da Educação Física escolar o uso dos termos "tendências pedagógicas" ou "abordagens" para definir as diferentes concepções de Educação Física escolar. Neste texto, empregamos o termo "currículo" fundamentados em Silva (2007, p. 21), para quem "todas as teorias pedagógicas e educacionais são também teorias do currículo".

acho que dá para... mas isto é uma opinião minha que não estou na escola. Eu acho todas interessantes (PROFESSOR 03).

Os rastros dos discursos destacados estão conectados à confusão teórica explicitada anteriormente e ancorados no senso comum que abriga uma postura onde "tudo é legal". A ideia por trás desse pensamento reside nas representações distorcidas da área educacional da Educação Física, bem como na compreensão superficial dos diversos currículos epistemológicos da área.

Considerando que a escolarização é um mecanismo político imerso em relações de poder, negociações e resistência, acatamos a premissa de Giroux (2008), para quem os professores exercem sua função no interior de relações sócio-históricas determinadas pelas contingências contextuais. Para evitar a simples reprodução das relações hegemônicas, os professores são intelectuais públicos que devem estar atentos às conexões que estabelecem com o poder. Como voz solitária no corpo documental, uma docente questiona o discurso alquimista da Educação Física:

> Porque eles perguntam isso: "Mas eu não posso pegar o que é bom dali, e juntar um pouquinho com o que é bom daqui, será que vai dar certo?". Aí até eu coloquei: "Olha, gente, mas tem coisas que é como você tentar misturar água com óleo, você não vai conseguir". Porque são visões de mundo, visões de homem, visões de sociedade muito diferentes. Então não dá para você pegar lá o que é legal do desenvolvimentismo e tentar articular com uma questão mais crítica. Não vai ter conversa. Porque são objetivos, referenciais, totalmente diferentes. Eu acho legal você conhecer para ver onde que vocês se identificaram. É você saber a partir disso, que tipo de pessoas que vocês estão formando. Porque passa por isso também, pela questão da subjetividade, da diferença, enfim (PROFESSOR 02).

Porém, ela não acredita que no cotidiano escolar seja possível manter a coerência teórica dentro das operações didáticas, indicando que, mesmo quando o discurso procura se alinhar com posicionamentos mais críticos, a prática ainda é alquimista:

> [...] diferentes currículos, enfim. Mais ideológicos ou mais progressistas ou sei lá o quê de Educação Física, como é que na prática essa coisa acaba se dissolvendo (PROFESSOR 02).

De fato, também se mostrou discurso recorrente na memória coletiva a descrença entre o debate epistemológico dos currículos dentro dos espaços que produzem conhecimento por meio da pesquisa científica e sua transposição para as demais instituições de Ensino Superior, e de ambas para a escolarização básica.

> Sobre o debate acadêmico da área... eu vejo o debate longe do chão da escola. [...] um discurso acadêmico *stricto sensu* de USP, de Unesp, de Unicamp, não chega aqui. Se não chega aqui, não chega no aluno daqui. Muitas vezes não chega. E, se não chega neste aluno, não chega na escola, que é o cara que vai trabalhar neste setor. Então está muito longe o discurso às vezes (PROFESSOR 03).

O descrédito na produtividade substantiva do debate curricular epistemológico é preocupante quando nos referimos a docentes que, idealmente, deveriam estar na vanguarda do processo. Tal posição gera discursos desmobilizadores como "faça um, mas faça bem-feito", que pouco contribuem para superar situações consideradas maléficas por toda a comunidade acadêmica e profissional. As análises do material recolhido indicaram outra tendência entre os colaboradores, que tentaram amenizar suas falas quando questionados acerca das repercussões em suas aulas das discussões teóricas que movimentam a área. Foi notável a tentativa de buscar uma "isenção científica", uma neutralidade teórica que favoreceria sua didática e beneficiaria os alunos. Observa-se, portanto, um receio inócuo de influenciar a constituição da identidade dos alunos.

> Não vejo uma teoria como mais... gosto mais de uma do que de outra. Me identifico mais com uma do que com outra. Porém eu acho que todas são legais. Todas foram importantes para a Educação Física, são importantes para a área (PROFESSOR 03).

> Eu me pergunto às vezes assim, será que é justo com esse meu aluno ele conhecer somente a minha perspectiva de Educação Física? Porque eles também questionam, e pode ser que não seja a deles (PROFESSOR 02).

Quando a cultura é o terreno de análise, objeto de estudo, local de crítica e intervenção política, não há neutralidade científica ou pedagógica. O desempenho cotidiano da função docente no Ensino Superior compõe o aspecto substantivo do currículo, fornecendo discursos e representações que influenciam as identidades discentes. Tais discursos pretensamente neutros não são meros dispositivos técnicos e expressivos, mas práticas de significação contingentes e históricas envolvidas na produção, organização e circulação de textos e poderes. A linguagem colocada em movimento no cotidiano de aula desses docentes funciona como impulso ou interdição de significados, naturalizando ou marginalizando certas formas de atuação profissional docente. Considerando a intrincada rede de significados que compõe o contexto de ensino, não há uma posição de sujeito neutra, "trans-histórica", não ideológica (Kincheloe e Berry, 2007).

Com a ciência da operação das práticas discursivas nas relações de poder dos textos cotidianos, a função docente não pode se revestir de ingenuidade quando busca discursos supostamente profissionais ou científicos. Mesmo tentando adotar uma neutralidade política, sem saber, os docentes que assim agem assumem uma posição desfavorável ao desenvolvimento do pensamento crítico na área, enfraquecendo os questionamentos impostos aos currículos acríticos.

Os discursos docentes que defendem a alquimia da Educação Física escolar, ou as identidades mapeadas pela ausência de discursos relacionados ao embate curricular epistemológico da área, deixam evidente a dificuldade de reconhecimento, identificação e clareza que assola a área. Quando não há entendimento do papel social da Educação Física como componente da Educação Básica, os docentes colocam em circulação diversos discursos sobre a função social do professor que marcam o que é o componente e como devem se comportar seus sujeitos, a partir de currículos acríticos e discursos amparados pelo senso comum.[12]

---

12 Quando criticamos as identidades, estamos contestando os discursos e as práticas de significação que fornecem as posições de sujeito. Estes, por sua vez, são regulados pelo poder dentro do governo da cultura, influenciados por tendências macro.

Aspectos substantivos da identidade docente

A identificação com um ou outro currículo não compreende toda a complexidade da identidade docente, pois são igualmente influenciados pelos aspectos substantivos do currículo, aqueles exercidos diariamente na materialidade da instituição, sua cultura local, regulações e discursos hegemônicos. Cientes de que muitas das opções teóricas e metodológicas dos professores entrevistados não são meras preferências individuais, mas o resultado do entrecruzamento de discursos, práticas de significação e representações delineados pelo poder contextual, consideramos necessária a ampliação do olhar a fim de subsidiar algumas das compreensões microtextuais apresentadas anteriormente.

Giroux (2003) denuncia a crise na cultura política, com o enfraquecimento das resistências aos discursos hegemônicos. A cultura política atua na intersecção entre representações simbólicas, vida cotidiana e relações materiais de poder. Todavia, está em processo um esmorecimento dessas disputas, solapadas pelo enfraquecimento de esferas públicas democráticas. Tornou-se hegemônica no mundo contemporâneo a regulação pelo mercado, disseminando valores que delimitam a função das esferas públicas.

Vivemos em um mundo onde as grandes corporações adquirem cada vez mais força, minando a resistência democrática, pois seus interesses demandam a renúncia aos papéis de sujeitos sociais para nos tornarmos consumidores. Através de modelos de gerenciamento que alinham a iniciativa e a aprendizagem humana, as questões de responsabilidade social perdem espaço. Não é necessário pensar em grandes conglomerados transnacionais para exemplificar a questão, basta mencionar as instituições que empregam os colaboradores desta pesquisa, pois atuam como um maquinário que produz identidades.

O Ensino Superior contemporâneo segue os mesmos princípios do meio empresarial e se sujeita a discursos e práticas que desprezam a diversidade cultural e a circulação livre de informações. A dominação das esferas públicas por corporações financeiras submete suas lógicas de funcionamento, cada vez mais, ao pensamento voltado aos valores de mercado, tais como competição, meritocracia, lucro e competências de atuação. Na disputa pelo domínio da esfera pública, a cultura empresarial paulatinamente causa o desaparecimento da política democrática necessária para que a arena cultural garanta e reconheça a diversidade. A investigação desse processo adquire centralidade dada à possibilidade de demonstrar como as identidades são influenciadas, a democracia definida e as relações de poder expostas. Nesse emaranhado de disputas entre a ideologia hegemônica (cultura empresarial) e a resistência contra-hegemônica encontra-se o Ensino Superior.

A posição estratégica do ensino universitário na interpelação de identidades líderes, que irão ocupar posições de sujeito capazes de atuar diretamente na configuração social, torna a educação superior uma esfera das mais importantes. Mais do que isso, torna-a um negócio atraente para a cultura empresarial, sujeita a políticas limitantes da circulação de informações, formatando seus mecanismos para que atendam a uma visão específica de sociedade. Uma sociedade na qual o acúmulo de poder (econômico, social e cultural) é o principal objetivo.

A cultura empresarial se faz atuar em toda instância influente de empresas intercontinentais, organizações mundiais, nacionais e regionais, *lobby* político, e na relação com esferas públicas por meio de convênios, parcerias e patrocínios. Seus interesses, muitas vezes, são obtidos através da cooptação (Neira, 2007). Na docência isto é explicitado quando a ação do professor é mercantilizada e sujeita às mesmas pressões de mercado que atingem outros produtos. O *continuum* de opções identitárias dos sujeitos da educação é reduzido drasticamente, a ponto de formar bifurcações claras: ou entra no jogo do poder neoliberal, ou é destituído da sua posição.

> Hoje a gente tem uma pressão pelo Enade [Exame Nacional de Desempenho dos Estudantes]. A gente é pressionado pelos estudantes. Só que depende muito da estrutura, da organização, de como a entidade é no trabalho com você. O grande problema hoje é que as faculdades são negócios. O projeto que era feito, você comprou, acabou, agora essa daqui é de outro jeito, os valores das provas são outros, mudou! A bolsa que eu tinha no Prouni não tenho mais porque vendeu! A questão do Enade põe bastante pressão, mas joga muita pressão no professor, sendo que a estrutura para você trabalhar também influencia (PROFESSOR 01).

Ser professor nessas condições é exercer uma profissão sujeita a tensões e resistências nem sempre muito evidentes, pois os interesses são múltiplos e complexos articulando tendências mundiais com influências locais. A globalização e os princípios neoliberais transformam o Ensino Superior de reduto de esfera pública democrática em centro de treinamento de novos profissionais para o mercado. O poder dos discursos que moldam essas relações regula a cultura institucional nos espaços democráticos muito mais pela interpelação do que pela imposição.

Desse modo, muitos cursos superiores são invadidos por novas formas de conhecimento apoiadas na noção de competências necessárias para a atuação no mercado de trabalho, entendido como a arena dividida entre ganhadores e perdedores. Consequentemente, o papel desempenhado pelo docente insere-se no contexto, seja na sua confluência, seja para resistir aos desejos predominantes. A lógica neoliberal calcada na produtividade, competição, meritocracia e empreendimento pessoal sobrepesa aos professores quando os obriga a desempenhar uma multiplicidade de funções e tarefas, pressionando-os a executar suas funções no menor tempo disponível, na urgência de resultados e na qualidade absoluta no fazer profissional, critérios orientados pela transformação da educação em mercadoria (Nunes, 2011).

O currículo substantivo orientado pela competitividade do mercado se traduz em contextos reguladores nas salas de aula, exercendo influência sobre identidades docentes e discentes, buscando uma subjetivação favorável à cultura hegemônica, negligenciando aspectos urgentes de desigualdade social. Isto ocorre porque as principais regulações institucionais estão orientadas para a sustentação financeira, a aquisição de novos alunos e manutenção dos existentes, o aumento do lucro e diversas outras conjunturas. Nesse contexto, há pouco espaço para a resistência de identidades docentes preocupadas com questões democráticas.

Para Giroux (2010), há um consenso acadêmico de que o Ensino Superior está em crise, com as instituições universitárias enfrentando desafios crescentes como cortes orçamentários, diminuição da qualidade, redução do corpo docente, militarização da investigação e reformulação do currículo para se adaptar às necessidades do mercado. Como efeito, líderes corporativos ou figuras políticas são contratados como reitores, docentes de carreira são substituídos por professores temporários, alunos são tratados como clientes e a aprendizagem é cada vez mais definida em termos instrumentais, enquanto o conhecimento crítico não encontra espaço no currículo. As vozes dos docentes entrevistados reverberam essas ideias em diversos momentos, reafirmando a regulação cultural hegemônica exercida pelo currículo.

Os docentes entrevistados denunciam a instabilidade na profissão, a não remuneração por atividades extraclasse como orientação e correção, o processo pouco democrático e sem orientação pedagógica para a distribuição da carga didática, a ampliação da jornada de trabalho como alternativa para melhorar a remuneração, o pouco tempo para pesquisa e atualização, e o contato distante e despreocupado com os alunos.

> [...] hoje, não se recebe mais orientação pelo TCC. Tenho que orientar, mas eu não recebo por isso. Consequentemente essa experiência muito importante para o aluno, ele tem meia-boca. [...] Hoje eu estou no Ensino Superior, mas pode ser que, por qualquer bobeira, mandem embora. Ou porque eu sou mestre vão querer pegar um especialista.[13] Ou porque eu me neguei a orientar um aluno. [...] se por acaso este semestre eu disser que não quero pegar uma disciplina, isto não vai ser legal. Porque eu acredito que não devo dar uma disciplina que não é do meu conhecimento. Isto é uma pressão que existe bem por detrás dos panos. [...] Eu acho que tudo está mais difícil, é portal, é aula pela internet, tudo o que você vai fazer é pela internet. Isto significa que você está trabalhando em casa. E não está ganhando por isso (PROFESSOR 01).

> [...] o particular, assim, é muito difícil de você trabalhar. Eles te veem apenas como alguém que dá aula, se você não tem uma carga horária mínima lá, você não consegue sobreviver. Hoje, eu até comento em casa, eu tenho muito menos aulas do que os meus colegas, mas se eu falar para

---

13 Um discurso recorrente na área diz que, em tempo de grandes conglomerados educacionais, a lei do menor investimento possível obriga as instituições a contratar o número mínimo exigido por lei de mestres e doutores para o seu quadro docente. Nesse contexto, muitos se questionam se é válido dar continuidade aos estudos pelo caminho *stricto sensu*, sob pena de ser preterido por um especialista com menor salário. Muitas vezes, aqueles que insistem em prosseguir, se quiserem manter seus postos de trabalho, são obrigados a aceitar uma remuneração correspondente a profissionais de menor qualificação.

qualquer colega de uma universidade pública que hoje eu tenho 20 horas aula em sala, vão achar um absurdo. Porque a gente tem que estudar, tem que rever, tem que preparar e sobra pouquíssimo tempo de fazer isso (PROFESSOR 02).

Tem faculdades que se diferenciam neste sentido. Tem faculdade que você é um número, tem faculdade que você é uma pessoa. Tem faculdade que vai te arrumar um estágio, que vai lembrar porque conhece o aluno. Neste ponto as faculdades isoladas eu acho que ganham neste sentido, de universidades com seus vários cursos. Então os professores aqui dão aula só para este curso, não têm muitas turmas para dar aula, então é mais fácil colocar uma filosofia dessas. Como eu trabalho nas duas eu consigo ver esta diferença (PROFESSOR 03).

A sequela da dominação por mecanismos de mercado é justamente a transformação dos significados de valor cultural e democrático do Ensino Superior, com sua missão de esfera pública produtora de conhecimento em instrumento de um projeto hegemônico pouco compromissado com a melhoria da sociedade como um todo. Paulatinamente, o Ensino Superior vem deixando de ser um espaço dedicado à inovação intelectual e cultural orientado pela busca de transformações que se alinham ao benefício público. Sua função de educar gerações e enfrentar os desafios contemporâneos foi corrompida com consequências políticas, sociais e éticas, fazendo com que se perdesse o compromisso com a vida pública ao se coadunar com a lógica neoliberal (Giroux, 2010).

Nesse macrocontexto, os professores lutam pelo controle de suas histórias pessoais. Suas opções identitárias são restritas, pois para acessar os postos de trabalho devem se adequar a algumas posições de sujeito dentro de um *continuum* limitado pelo direcionamento pedagógico neoliberal. Tal sujeição leva os docentes a forjar identidades mediante discursos e práticas de significação hegemônicos, naturalizando certas formas de compreender o mundo. Como exemplo, observamos as motivações dos entrevistados para adentrar o Ensino Superior.

Entrei com indicação de uma colega, eu vim para fazer uma entrevista aqui. Naquela época era outro coordenador que tinha aqui no curso e me chamaram. Fiquei um ano na estrada, aí depois eu me mudei aqui para Sorocaba. Já era uma meta na minha vida me inserir no Ensino Superior (PROFESSOR 02).

Nunca imaginei, por exemplo, que fosse dar aula no Ensino Superior, Mestrado na área de Educação e não na área da Performance, na área da Saúde, que era o que atraía na época. [...] Eu prestei o processo seletivo, passei e estou dando aula lá. Esse foi o trajeto (PROFESSOR 03).

No Ensino Superior comecei a partir de 2005 e a oportunidade surgiu pela própria escola, porque a faculdade começou pela escola em que eu trabalho. Por conta disso eu fui convidado para trabalhar na faculdade também (PROFESSOR 04).

Até que surgiu uma oportunidade. [...] Entrei para dar a disciplina de Didática, e foi muito bom, porque eu tinha uma vivência na área da Educação que me ajudou muito. E trabalhei durante cinco anos lá. E depois, ao mesmo tempo, consegui emprego em Itu. Então foi por indicação dessa professora que é minha amiga e eu devo muito a ela (PROFESSOR 05).

Nos fragmentos, notam-se certas formas de governo naturalizadas a partir dos princípios de mercado, como a ascensão social via estudo, esforço e competência. Salvo algumas exceções, o ingresso na nova carreira deu-se por meio de convites da rede profissional ou pessoal. Quando o Ensino Superior é orientado por gerenciamentos que valorizam discursos mercadológicos, os critérios para a inserção nas inúmeras funções dentro da instituição podem ser os mais diversos, comumente direcionados à diminuição de custos ou ao atendimento de interesses particulares. Há pouca preocupação com a relação entre o conhecimento do sujeito, a experiência profissional anterior, a produção de pesquisas e a visão de sociedade, Ensino Superior, escola e Educação Física.

A questão maior aqui não se limita aos casos específicos de cada docente, aos seus textos individuais. A grande preocupação reside na interdição dos discursos que visualizam o Ensino Superior como uma posição privilegiada para transformação social, como uma profissão que possibilite um embate constante com os problemas contemporâneos. Mesmo quando se preocupam com os discentes, o fazem dentro de uma visão neoliberal, centrada na colocação no mercado de trabalho e com condições de aprendizado voltadas para uma formação eficiente na lógica empresarial, pautada no bem-estar individual meritocrático sem questionar arranjos culturais injustos e opressores.

Com o mesmo sentido, a formação continuada na carreira acadêmica é um passo na direção de oportunidades de ascensão material. Os vetores aqui são claros, os mesmos para todo um mundo globalizado, ou seja, a sobrevivência e a busca por melhores condições de vida em um campo profissional reconhecidamente difícil. A titulação, portanto, torna-se importante para a conquista de postos de trabalho mais bem remunerados, mesmo que, segundo Nunes (2011), já não exista o prestígio de outrora.

> Então, a entrada no Mestrado foi meio que no susto. Mal sabia o que era, fui meio que descobrindo depois. Hoje eu acho que fiz a escolha certa, me encontrei (PROFESSOR 01).

> Daí eu vi o Ensino Superior como uma possibilidade de trabalho, porque o meu foco era construir uma carreira acadêmica. Então, terminando o Mestrado eu vi uma possibilidade de inserção no segmento. Uma nova etapa, nova possibilidade de carreira (PROFESSOR 02).

> Mas foi uma mudança na carreira super-rápida. Primeiro que não tinha o número de academias que tem hoje, não tinha emprego. Treinamento em alto nível também não tinha. Sorocaba tinha duas, três escolinhas de futebol e uma de vôlei na época. Não tinha nada. De uns 15, 20 anos pra cá que deu esse... mas na época não tinha nada. Então eu estava fazendo aquilo, mas com uma perspectiva de desemprego. E aí esse professor me convenceu a fazer o Mestrado, porque poderia me abrir portas, poderia dar aulas, e eu lembro que falei: "Não quero, dar aula em Ensino Superior não é o que eu quero". No fim fui fazer o Mestrado, gostei de tudo aquilo e as coisas foram acontecendo. Realmente o Mestrado abre portas (PROFESSOR 03).

Na educação mercadorizada, a inserção nos "postos de trabalho" está distante da visão de professor intelectual engajado e comprometido com transformações sociais. Os discursos colocados em circulação e que influenciam a posição de sujeito docente emanam tanto da configuração macro (políticas neoliberais, contexto institucional, aspectos substantivos), quanto na sua inserção micro (o currículo colocado em ação). Discursos neoliberais são vetores de força hegemônicos e encontram apoio em todos os setores que envolvem o Ensino Superior, desde a sua regulação cultural até as interpelações microtextuais.

Regulado por uma cultura neoliberal macrocontextual, o Ensino Superior coloca em circulação discursos que tentam fixar uma determinada compreensão de sociedade. Logo, discursar a favor das diferenças dentro dessas instituições não é tarefa simples ou fácil. Para manter seus empregos, os professores precisam atender a certos critérios de eficiência. Mais do que isso, precisam identificar-se com o projeto do mercado, bem como colocar em circulação determinados discursos. Nesse sentido, ousamos estabelecer uma relação entre as trajetórias de vida, os postos alcançados, as identificações epistemológicas apresentadas anteriormente e as condições substantivas aqui discutidas. Não há recompensa (no sentido capitalista) em discursar a favor das diferenças. Quando se posiciona de modo a balançar fronteiras, a norma tende a retaliar. Para o docente, pode custar o emprego, a subsistência, a carreira.

É possível estabelecer uma relação com o discutido anteriormente, quando as identidades docentes dos colaboradores eram sensíveis ao debate sobre a diferença nas aulas de Educação Física, no entanto, hesitavam em defender algum posicionamento em nome da neutralidade científica. Uma identidade afeita aos avanços científicos é cara aos preceitos meritocráticos, assim qualquer crítica às regulações do Ensino Superior está protegida pelo "guarda-chuva científico". O discurso científico encontra guarida nas instituições universitárias, mesmo que seja para criticar os arranjos de poder que direcionam esse nível de ensino para caminhos que levam à desigualdade social. Mas isto é permitido até certo ponto. Apresentar os diversos currículos da Educação Física escolar dentro de um pretenso terreno neutro não é o mesmo que declarar abertamente suas identificações curriculares.

Para garantir que as identidades docentes não perturbem as fronteiras naturalizadas pela cultura empresarial, as instituições de Ensino Superior se valem de diversos recursos amparados por ideologias empresariais, como contenção de despesas, corte de custos e lucro maximizado, e pela legislação federal (LDB 9.394/96), que permite a desoneração dos cursos por meio da implementação de plataforma de estudos *on-line*, que podem acomodar até 20% das disciplinas curriculares. Além da realização de parte do curso por conta do próprio aluno, no caso, a realização de 200 horas de Atividades Acadêmicas Científicas e Culturais (AACC) em momentos extracurriculares.

Os professores são posicionados de forma distanciada de seus pares e de um debate amplo dos propósitos da organização. A relação entre Ensino Superior e neoliberalismo tem transformado o propósito educacional e reproduzido o cenário recorrente nas áreas comerciais, o que resulta em precarização e proletarização do trabalho docente. Os professores atuam muitas vezes em uma estrutura organizacional que inviabiliza o trabalho coletivo, sem disponibilidade de tempo para promover um ensino pautado pelo diálogo, pensamento, debate e reflexão sobre o trabalho que realizam. No presente estudo, verificou-se que os docentes são ceifados do direito de participação em reuniões pedagógicas, oportunidade principal para discussão do projeto do curso e para o enfrentamento dos desafios cotidianos.

> A única reunião que a gente tem é no início e no final do processo. Durante, não tem nenhum momento de troca, de reunião pedagógica... acho que... agora a gente tem uma reunião, mas é aos sábados. Então não é uma convocação, é um convite, porque a gente não recebe. Há professores que trabalham em outro lugar, moram em outra cidade, então acaba sendo uma coisa meio fictícia (PROFESSOR 02).

Diante de condições que dificultam o debate com os parceiros e com a comunidade institucional, a prática da investigação ou mesmo o acesso a pesquisas produzidas em outros espaços, uma vez que a carga horária é alta, e, considerando a trajetória de vida profissional, as possibilidades dificultadas de contato com discursos de fronteira, parece ser bem difícil a constituição de identidades solidárias. Lutar pela diferença não possui o *status* dos discursos mercadológicos, e ainda traz para a identidade docente "riscos de sobrevivência". Quando se inicia o processo de identificação com os discursos culturais, o sentimento pode ser de solidão, dentro de um contexto dominado pela ausência de criticidade:

> Na verdade eu me sinto como uma voz única dentro deste corpo docente. Quando a gente desenvolve algum trabalho, dentro de alguma aula, a gente percebe que os alunos têm uma visão assim mais física, mais biológica do movimento. Tanto é que você pega o planejamento que eles fazem e vai aparecer esta visão da Educação Física. E a gente acaba numa outra perspectiva, mas soando como uma voz que vai perdendo força. Você tem um grupo de sei lá, 15 professores, defendendo uma Educação Física ligada à questão da saúde e atividade física e tem você lá, meio que sozinha tentando mostrar outras possibilidades para eles também, da cultura corporal. Então é esta arena, campo de lutas (PROFESSOR 02).

É mais seguro portar identidades tradicionais à área do que enfrentar as relações de poder existentes. Não se trata de uma transformação de si consciente, ou seja, não necessariamente o sujeito questiona seu modo de inserção no contexto do Ensino Superior. No cotidiano, as pessoas buscam fazer o melhor que podem em meio às necessidades básicas, às dificuldades inerentes ao processo e às condições impostas pelo contexto. Reiteramos, o *continuum* é bem limitado para algumas identidades. Isto pode ser aferido pelas identidades acríticas encontradas na memória coletiva e igualmente pela busca da neutralidade científica nas identidades sensíveis ao debate curricular.

Mas não são somente as pressões da cultura empresarial que provocam ambivalências, insegurança e solidão nos docentes. As revoluções culturais e a desestabilização das ancoragens sociais (Hall, 2001), características da modernidade, dentre elas o próprio Ensino Superior, irradiam sentimentos contraditórios que interpelam todas as identidades contemporâneas. Para reafirmar a presença de momentos difíceis de solidão narrados pelos professores entrevistados, percebemos que há um distanciamento entre docentes e discentes. O que se veicula acerca dos discentes exprime a insatisfação com o seu comportamento, constatada na emissão de discursos generalizadores que essencializam a identidade.

> Eu vejo assim que os alunos sentem certa dificuldade. Não sei se entendem, ou em não pensar de forma linear. Porque quando a gente traz alguma coisa que sai da visão biológica, que sai do roteiro, do passo a passo, dá uma desestabilizada, entendeu? Eles já trazem certa dificuldade assim, de um conhecimento mais político, então já vem com essa lacuna. E aí para você contextualizar em cima de uma dificuldade que eles têm, até pela questão da formação anterior, eu acho que eles sentem bastante dificuldade (PROFESSOR 02).

> [...] eu sempre tento ficar perto deles, falar na linguagem deles. Estou percebendo que com o tempo está cada vez mais difícil. Não sei se é porque estou ficando mais velho e, consequentemente, eles estão ficando mais distantes da minha realidade, ou eu tenho que me adaptar não às características, mas à educação desses jovens de 17, 18 anos... é muito diferente do que há cinco, seis anos atrás. É diferente, são grupos diferentes. É estranho como muda assim, de dois em dois anos, as turmas mudam, as características mudam, a maneira de eles encararem uma faculdade muda. Cada vez mais, e é nítido isso, a preocupação de vários deles, parece que aumenta isso, é nota e presença, deixa de ser conteúdo. [...] Tem muitas vezes que aluno encontra relação, está apto para aquilo, mas outras que não está nem prestando atenção em mim. É isto que eu tenho notado de hoje, dos alunos que estão hoje, com relação aos alunos de antes. Antes eles prestavam atenção. Hoje não, "ah vai falar disso", pega e sai da sala. Ou ele dorme. É uma relação... antes ficava, podia até não prestar atenção, mas por educação ele ficava (PROFESSOR 03).

> Porque normalmente os nossos alunos da Educação Física são muito mais cinestésicos do que qualquer outra coisa, então, se não tiver alguma coisa prática, alguma coisa que movimente, que eles sintam, a aprendizagem fica defasada. Então dentro das possibilidades eu sempre tento fazer algo interativo. (PROFESSOR 04)

Green e Bigum (2008) nos ajudam a pensar a ambivalência de ensinar para a diferença na sala de aula contemporânea. Para os autores, o estudante pós-moderno sofre um deslocamento da escola para a mídia eletrônica de massa enquanto contexto socializador crítico. A alfabetização na mídia produz subjetividades muito distantes daquelas alfabetizadas no impresso, completamente habituadas à liquidez, descentrações, desconexões e velocidade de transformações nas paisagens culturais. Não surpreende, portanto, que artefatos culturais sólidos e modernos – como as salas de aula – tenham perdido seu poder de sedução. A distância entre docentes e discentes vai além do confronto histórico entre gerações, provocando um efeito que os autores metaforizam na presença de "alienígenas" em sala de aula.

O quadro descrito pelas análises indica a existência de aspectos identitários que remetem ao sentimento de solidão. Nesse sentido, a conjuntura da docência nas narrativas estudadas apresenta diversos momentos de isolamento, ora frente ao fazer pedagógico, ora frente às dificuldades inerentes à profissão. Há, portanto, uma identidade de "professor solitário", especialmente quando focamos nas identidades familiarizadas com as teorizações críticas e pós-críticas.

A expressão "professor solitário" se refere aos vários momentos em que os docentes se identificam, por interpelação ou por imposição regulatória, com posições de sujeito que transformam a experiência de si, subjetivando sentimentos de isolamento. Não estamos nos referindo a uma essencialização ou condição estática que aflija a todos os docentes, mas sim a uma série de discursos, representações, práticas de significação e conjunturas contextuais que configuram textos solitários no cotidiano das instituições de Ensino Superior.

Em diversos momentos os docentes são interpelados para posições de sujeito sem respaldo às suas ações. As instituições em que atuam não apoiam a realização de tarefas para além das aulas presenciais, não há contato satisfatório com os companheiros de profissão, quando existentes, as reuniões não oferecem condições para discussão de temas relevantes ao trabalho pedagógico, são poucas as possibilidades para participar em grupos de pesquisa e o diálogo com os alunos é bastante difícil. O que se percebe é a existência de pressões, cada vez maiores, por resultados, títulos e alinhamentos a discursos hegemônicos.

Considerações finais

As análises tiveram como pontos de apoio a centralidade da cultura e o poder de regulação dos discursos e representações que moldam as identidades líquidas como suporte teórico e inspiração de análise. Na teorização cultural, a identidade é algo a ser constantemente reformulado, reconstruído, ressignificado. Como a fluidez identitária não nos permite argumentar em favor de uma essência do sujeito, muito menos uma essencialização profissional, não objetivamos marcar como o professor deve ser, se portar, discursar e agir. Todavia, é igualmente imperdoável buscar uma inexistente neutralidade científica. Nesse sentido, todas as críticas se direcionaram para as configurações contextuais que forjam aspectos identitários (substantivos e epistemológicos) que não se sensibilizam com configurações de poder desfavoráveis à grande parte da população escolar.

Se por um lado defendemos que os docentes devem buscar constantemente o conhecimento científico, refletir sobre os condicionantes da sua posição e questionar vetores que lhes impõem amarras hegemônicas, os aspectos substantivos das vidas docentes também nos mostraram que há uma série de concatenações materiais, discursivas e simbólicas orquestradas por tendências globais que limitam a atuação crítica.

O currículo substantivo é regulado pela cultura empresarial, delimitando as posições de sujeito que habitam o terreno do Ensino Superior. O processo de recrutamento, as exigências crescentes, o processo de proletarização e as condições que as instituições oferecem aos seus docentes denotam o esmorecimento democrático nesse nível de ensino. Quando os valores do mercado estão acima das necessidades pedagógicas orientadas para um currículo que busque transformações na área da Educação Física, resta bem pouco espaço para a ação docente. Com um número elevado de aulas, pressionados por resultados em exames nacionais, satisfação dos alunos, orientação de trabalhos, correção de provas e outros afazeres profissionais, é fácil compreender a dificuldade dos docentes em produzir conhecimentos, acompanhar os debates atuais, participar de congressos, refletir sobre a sua prática e instaurar mudanças.

Como resultado dessa conjuntura, apresentou-se uma hegemonia tradicional representada por identidades e discursos que coadunam com o projeto neoliberal e resistem aos apelos da diversidade cultural. Exemplificamos a trama nos discursos que defendem a mescla curricular e nos discursos que defendem a neutralidade científica da atuação docente no Ensino Superior.

Desse modo, o que se propõe é a resistência contra a performatividade do discurso alquimista e do discurso desmobilizador da prática embasada na teoria curricular pós-crítica, pois existem obras acadêmicas e relatos práticos que atestam a possibilidade de desbravar terrenos naturalizados. Para obter sucesso, a performatividade necessita da *citacionalidade*, conceito que explica a característica da linguagem de poder ser retirada de um contexto e inserida em outro, mantendo seu significado. Através da constante repetição de significados compreendidos em diversos contextos, um enunciado é capaz de marcar fronteiras e determinar socialmente o que conta como norma e o que é diferença (Derrida, 2002). A noção de desestabilização das identidades hegemônicas implica compreender que o processo de identificação não é preexistente a qualquer ação cultural, mas constantemente recriado, fruto de uma produção social (conflituosa) de atribuição de significados. Daí, ser importante descobrir como a diferenciação é produzida nos diversos contextos sociais, questionando suas formações.

Segundo Butler (1999), para desestabilizar um processo de naturalização, a repetição precisa ser interrompida, ou outros enunciados precisam circular. Os movimentos que conspiram para subverter as identidades metaforizam a ideia de mudança, como cruzamento de fronteiras, nomadismo, diáspora. Algumas outras metáforas indiretas incluem hibridização, miscigenação e sincretismo, utilizados para descrever os diferentes territórios das identidades e suas transformações.

Propomos que novos enunciados circulem em substituição a um discurso superficial da alquimia da Educação Física, bem como aos discursos hegemônicos acríticos. Acreditamos que o debate epistemológico encontra-se distante de resoluções mais abrangentes, contudo, isto não exime os sujeitos da área de buscar constantemente o envolvimento com a vanguarda científica, bem como um aprofundamento nos conceitos curriculares. A Educação Física escolar precisa cruzar muitas fronteiras, desnaturalizar identidades, mobilizar novos discursos que a direcionem no caminho da equidade social.

Todavia, o peso das transformações é demasiado para uma única posição de sujeito. As identidades docentes não podem ser responsabilizadas por todas as mazelas que dificultam o percurso de uma Educação Física escolar crítica e antenada com as necessidades contemporâneas. Dos docentes, são requisitadas aulas de qualidade, constante aperfeiçoamento, atenção aos debates científicos, produção de conhecimentos, ações orientadas à transformação social, entre outros encargos e apelos. Mas as análises das condições substantivas apontam para condicionantes distantes desses ideais. Pelo contrário, algumas configurações indicam que o alinhamento ocorre com o pensamento hegemônico neoliberal. Como resultado, os docentes sentem-se sós, sem articulações coletivas, sem apoio dos pares, das instituições, dos discentes, enfim, da comunidade da qual deveriam sentir-se participantes.

Na urgência dessas transformações, acreditamos que algumas estratégias são necessárias para que seja possível a superação de identidades solitárias. Necessitamos da contínua expansão do debate acadêmico na Educação Física escolar, orientado de forma pós-crítica e aparelhado de todas as ferramentas teóricas contemporâneas a favor de transformações sociais que existam ou venham a existir. Além disso, as pesquisas devem estar articuladas com o contexto escolar, de modo que precisamos da produção e divulgação crescente de relatos de experiência alinhados com o currículo cultural. As identidades solitárias só esvanecerão em conjunturas do Ensino Superior que facilitem a comunicação docente com seus pares e com a comunidade acadêmica, proporcionando instrumentos de ensino e pesquisa que possibilitem o enfrentamento aos desafios pós-modernos. Ressaltamos a urgência de cambiarmos as identidades solitárias por identidades solidárias ao desafio educacional. Trata-se de uma ação articulada a um projeto mais amplo e importante, qual seja, reforçar o Ensino Superior como esfera democrática e polo de transformação social.

Referências bibliográficas

BAUMAN, Z. **Identidade**. Rio de Janeiro: Jorge Zahar, 2005.

BUTLER, J. Corpos que pesam: sobre os limites discursivos do "sexo". In: LOPES LOURO, G. (Org.). **O corpo educado**. Pedagogias da sexualidade. Belo Horizonte: Autêntica, 1999.

DERRIDA, J. **A escritura e a diferença**. São Paulo: Perspectiva, 2002.

GREEN, B.; BIGUM, C. Alienígenas em sala de aula. In: SILVA, T. T. (Org.). **Alienígenas em sala de aula**: uma introdução aos estudos culturais em educação. Petrópolis: Vozes, 2008.

GIROUX, H. A. **Atos impuros**: a prática política dos Estudos Culturais. Porto Alegre: Artmed, 2003.

GIROUX, H. A. Ensino Superior, para quê? **Educar**, UFPR, Curitiba, n. 37, p. 25-38, Maio/Ago 2010.

_____. Praticando Estudos Culturais nas Faculdades de Educação. In: SILVA, T. T. **Alienígenas na sala de aula**: uma introdução aos Estudos Culturais em educação. 7. ed. Petrópolis: Vozes, 2008.

VIEIRA, R. A. G. **Identidades docentes no Ensino Superior de Educação Física**: recorte da cidade de Sorocaba. Dissertação (Mestrado em Educação) – Faculdade de Educação, Universidade de São Paulo, São Paulo, 2013.

HALL, S. **A identidade cultural na pós-modernidade**. 6. ed. Rio de Janeiro: DP&A, 2001.

_____. Quem precisa de identidade? In: SILVA, T. T. (Org.). **Identidade e diferença**: a perspectiva dos Estudos Culturais. Petrópolis: Vozes, 2008.

KINCHELOE, J. L.; BERRY, K. S. **Pesquisa em educação**: conceituando a bricolagem. Porto Alegre: Artmed, 2007.

KINCHELOE, J. L.; STEINBERG, S. R. **Repensar el multiculturalismo**. Barcelona: Octaedro, 1999.

MEIHY, J. C. S. B. **Manual de história oral**. São Paulo: Loyola, 1996.

MEIHY, J. C. S. B.; HOLANDA, F. **História oral**: como fazer, como pensar. 2. ed. São Paulo: Contexto, 2010.

NEIRA, M. G. Desvelando Frankensteins: interpretações dos currículos de licenciatura em Educação Física. **Revista Brasileira de Docência, Ensino e Pesquisa em Educação Física**. Cristalina, v. 1, n. 1, p. 118-140, Ago 2009.

_____. Utopia provisória: o currículo multicultural crítico da Educação Física. In: NEIRA, M. G. **Ensino de Educação Física**. São Paulo: Thomson Learning, 2007.

NEIRA, M. E. **A reflexão e a prática do ensino** – Educação Física. São Paulo: Blucher, 2011.

NEIRA, M. G.; NUNES, M. L. F. **Pedagogia da cultura corporal**. São Paulo: Phorte, 2006.

_____. Educação Física, **Currículo e cultura**. São Paulo: Phorte, 2009.

_____. Contribuições dos Estudos Culturais para o currículo da Educação Física. **Revista Brasileira de Ciências do Esporte**, Florianópolis, v. 33, n. 3, p. 671-685, Jul/Set 2011.

NUNES, M. L. F. **Frankensteins, monstros e o Ben 10**: fragmentos da formação inicial em Educação Física. Tese (Doutorado em Educação) – Faculdade de Educação, Universidade de São Paulo, São Paulo. 2011.

NUNES, M. L. F.; RÚBIO, K. O(s) currículo(s) da Educação Física e a constituição da identidade de seus sujeitos. **Currículo sem Fronteiras**, v. 8, n. 2, p. 55-77, Jul/Dez 2008.

SILVA, T. T. A produção social da identidade e da diferença. In: _____. (Org.). **Identidade e diferença**: a perspectiva dos Estudos Culturais. Petrópolis: Vozes, 2008.

_____. **Documentos de identidade**: uma introdução às teorias do currículo. Belo Horizonte: Autêntica, 2007.

SOARES, C. L. et al. **Metodologia do ensino de Educação Física**. São Paulo: Cortez, 1992.

WOODWARD, K. Identidade e diferença: uma introdução teórica e conceitual. In: SILVA, T. T. (Org.). **Identidade e diferença**: a perspectiva dos Estudos Culturais. Petrópolis: Vozes, 2008.

Por uma mudança de paradigma na formação contínua de professores: indicadores para a construção de uma alternativa crítica

Bruno Gonçalves Lippi

Introdução

Neste capítulo, pretendemos fazer uma discussão sobre a configuração hegemônica das políticas de formação contínua de professores adotadas pelas redes públicas de ensino e, em seguida, traremos uma proposição de princípios que podem balizar a construção de uma política de formação contínua crítica. Para tanto, é importante destacar que as análises produzidas são fruto de pesquisa acerca das políticas de formação contínua na rede estadual paulista (Lippi, 2010) e a vivência como professor e coordenador pedagógico na rede municipal de ensino de São Paulo. Cabe destacar que, no tocante às ações de formação contínua, a área do conhecimento não possui exclusividade, e os professores de Educação Física padecem diante das mesmas políticas que os demais.

A trilogia "currículo, formação de professores e avaliação": os contornos hegemônicos das políticas educacionais

A reorganização do modo de produção capitalista nas últimas décadas, que trocou os trabalhos repetitivos e mecânicos por computadores, transformou a educação escolar em um dos pilares para o desenvolvimento econômico e para a expansão de mercadorias. Os países que almejarem o desenvolvimento econômico terão que reformar suas políticas educacionais nos moldes do modo de produção atual. Concretamente, vimos, a partir da década de 1990, os princípios neoliberais como fundamento para articular o currículo, a formação em serviço e as avaliações externas, tanto para a formação de mão de obra, com o intuito de derrubar os salários para ampliar a mais-valia, quanto para a transformação dos processos de ensino-aprendizagem em mercadorias. A seguir, pretendemos explicar como a trilogia currículo, formação e avaliação configuram as atuais políticas educacionais, dando destaque às iniciativas de formação contínua.

Comecemos pela "moda" dos currículos unificados. Recentemente, as redes de ensino têm investido pesadamente na centralização dos currículos escolares, muitas vezes, sob a frágil argumentação de que os alunos não podem ser prejudicados quanto aos conteúdos caso sejam transferidos de uma escola para outra. Defendem que currículos comuns garantem a sequência de conteúdos e impedem que os alunos os vejam pela segunda vez. Tais argumentos partem do pressuposto de que o currículo pode ser organizado somente a partir de um modelo positivista e linear baseado em prerrequisitos, isto é, só se pode entrar em contato com o próximo conteúdo se o item anterior já tiver sido aprendido. Souza Santos (2008), crítico da ciência moderna, afirma que um currículo que prevê, de forma linear, o processo de ensino-aprendizagem é pouco confiável, pois os seres humanos mudam os seus comportamentos em função dos conhecimentos que adquirem sobre a realidade social.

Outra justificativa para adoção de currículos padronizados é a necessidade de garantir o acesso a uma cultura comum, a fim de constituir o sujeito desejado para atuar na sociedade. Essa postura não questiona quem tem a prerrogativa de definir quais conhecimentos deverão ser acessados por todos os alunos. Comumente, o referencial adotado é o patrimônio pertencente às classes dominantes.

É evidente que a produção de propostas curriculares centralizadas atende a outros interesses. Na verdade, o currículo comum é um instrumento tecnicista a serviço de quem deseja ter o controle e o gerenciamento sobre os conteúdos e os processos de ensino. Por exemplo, legitimar os conhecimentos importantes para a formação de mão de obra para determinados setores do mercado de trabalho, ou valorizar somente os conhecimentos produzidos por determinados grupos sociais de modo a garantir a sua hegemonia.

Kincheloe (1997) critica as políticas educacionais que sugerem a unificação de conteúdos e práticas. Segundo o autor, "parece haver uma consistência nas reformas do Estado que se organizam em torno do pressuposto que ensinar, aprender e pensar são genéricos [...] como calças de poliéster elásticas, um só estilo e tamanho, serve para todos" (p. 14). De fato, observamos que setores conservadores da sociedade defendem a ideia de que tudo seja exatamente igual em qualquer lugar. Essa padronização total tem a ver com a facilidade de mercantilizar o sistema educacional. Vivemos a "mercado-normatividade", isto é, a norma é transformar tudo em mercadoria e converter a vida num grande negócio.

Ainda sobre os currículos centralizados, consideramos que, apesar de as redes de ensino atenderem regiões ondem existem características peculiares devido às próprias trajetórias históricas, sociais e políticas, cada local possui diversas realidades sociais que convivem e compartilham culturas. Tal hibridismo e confrontamento cultural e social apresentam-se como fatores que impedem uma proposição curricular comum e totalitária. Pensemos no caso específico da Educação Física. Em uma perspectiva cultural, seria possível tematizarmos as mesmas práticas corporais nas escolas da periferia da Grande São Paulo e nas escolas rurais no interior do estado, abordando os mesmos conteúdos? A resposta é negativa, pois as experiências sociais e culturais dessas crianças e jovens são diferentes. Torres Santomé (1998), contrário à ideia de "conteúdos mínimos" determinados por agentes externos, ressalta que "onde são decretados oficialmente os conteúdos culturais e as destrezas necessárias para considerar-se um cidadão e cidadã educados, existe o perigo de impor determinados conhecimentos, conceitos, procedimentos, valores e concepções da realidade, deixando outros de lado" (p. 157). Diante disso, a unificação de conhecimentos a serem ensinados significa homogeneizar identidades, apagando diferenças.

Em geral, as redes de ensino têm implementado currículos comuns sem amplos debates com seus professores. Como exemplo, podemos citar a rede estadual de São Paulo. A Secretaria Estadual de Educação (SEE/SP), a partir de 2007, optou politicamente pela sistematização de uma proposta curricular em um curto período de tempo. Escrita por especialistas das universidades, teve seus fundamentos teóricos apresentados superficialmente sem um diálogo democrático e consistente. Dessa forma, a proposta curricular foi amparada por uma racionalidade técnica que "impõe, pela própria natureza de sua concepção de produção do conhecimento social, uma relação de subordinação dos níveis mais aplicados e próximos da prática aos níveis mais abstratos de produção da ciência" (Gimeno Sacristán e Pérez Gomez, 1998, p.357).

Apesar de a SEE/SP discursar à população que a proposta curricular é apenas uma sugestão de organização dos conhecimentos e das práticas pedagógicas para ajudar e colaborar com o trabalho do professor, a pesquisa realizada (Lippi, 2010) identificou vestígios de autoritarismo camuflados no discurso pseudodemocrático proferido pelos representantes da pasta: "A Secretaria procura também cumprir seu dever de garantir a todos uma base comum de conhecimentos e competências"[1] e "A partir de agora, seu filho poderá mudar de escola sem receio que perderá a sequência do conteúdo".[2] É sabido que os documentos curriculares não são produto de uma construção coletiva e foram engendrados sem qualquer participação da rede, ou seja, o conteúdo do documento não foi demandado pelas comunidades, logo, fica evidente que não se trata de uma política democrática. Por conta disso, tudo leva a crer que a proposta curricular é a formulação de um grupo de especialistas e assessores que não frequentam a escola estadual, apesar da publicidade governista. De acordo com Brzezinski (2008), os neoliberais discursam a defesa da qualidade social da educação, mas implementam os princípios da qualidade total. No caso, os discursos, aparentemente democráticos, servem como uma "cortina de fumaça" para legitimar as políticas neoliberais em curso frente à população atendida.

Nesse sentido, evidencia-se que a proposta curricular extrapola as intenções explicitadas pelo posicionamento oficial e assume também um papel de

---

1 Retirado do documento de apresentação da proposta curricular (São Paulo, 2008, p. 3).
2 Síntese do argumento apresentado pelo assessor pedagógico entrevistado.

"doutrinar" o professorado para trabalhar com uma determinada perspectiva epistemológica, pedagógica e política. O poder formativo das proposições curriculares foi discutido no estudo de Gramorelli (2007), o qual constatou que os professores apropriaram-se de conceitos e orientações didáticas presentes nos Parâmetros Curriculares Nacionais (PCN), mesmo sem ter sequer efetuado a leitura do material, o que reforça o poder persuasivo de um documento curricular oficial.

A partir das pesquisas educacionais mais recentes, é possível interpretar que os currículos comuns e suas publicações auxiliares não são somente sugestões de práticas pedagógicas aos professores. A obrigatoriedade velada do documento oficial assume um papel formativo em uma determinada concepção de educação, isto porque os professores e as escolas sentem-se obrigados a cumprir os conteúdos estabelecidos, independentemente de seus diagnósticos, de seus posicionamentos políticos e de sua realidade social e cultural. Retomamos Gentili e Silva (2001) quando afirmam que a educação escolar é um projeto da burguesia para unificação/homogeneização da formação e dos saberes da população com a intenção de consolidar o capitalismo moderno. Na contemporaneidade, alguns setores da sociedade estão empenhados em unificar o currículo escolar. Tal iniciativa de homogeneização parece-nos um projeto para garantir a presença de determinados conteúdos indispensáveis para continuidade do capitalismo pós-moderno-neoliberal e especulativo. Torres Santomé (1998) explica que a mudança do paradigma de produção de mercadorias (a transição do *fordismo* para o *toyotismo*) influenciou os currículos dos sistemas escolares, que passaram por reestruturações para atender às demandas dos processos de acumulação de capital.

A partir da argumentação acima, está claro que as reestruturações curriculares recentes invertem toda a política de formação contínua de professores, pois, em geral, passaram a focalizar a compreensão dos documentos curriculares, seja por meio de iniciativas oficiais como cursos oferecidos pela rede, seja pela cobrança do conteúdo da proposta curricular no processo seletivo para contratação de professores temporários ou, até mesmo, para a evolução funcional dos docentes efetivos. Consequentemente, o que se vê é a interferência direta do currículo comum nas políticas de formação, podendo até constituir-se em um instrumento formativo para implementar uma determinada concepção educativa.

A avaliação externa participa da "trilogia" como gerenciadora da implementação dos currículos e como balizadora das políticas de formação contínua. Em seus pronunciamentos, os secretários de educação utilizam os resultados das avaliações externas quase sempre abaixo do desejado para justificar a necessidade de reestruturar o currículo, considerado desarticulado, e de privilegiar determinados moldes para a formação dos professores, vista como deficitária e causa dos resultados ruins.

Por tudo isso, nos tempos atuais, as avaliações externas têm assumido um papel central, baseadas nas ciências positivistas que as "beatificam", tornando-as inquestionáveis. Souza Santos (2008) denuncia que a ciência moderna é um modelo totalitário, "na medida em que nega o caráter racional a todas as formas de conhecimento que não se pautarem pelos seus princípios epistemológicos e pelas suas regras metodológicas" (p. 21). Isto é, o compromisso da ciência com os centros de poder econômico e político não permite que outras formas de produção do conhecimento sejam legitimadas.

As avaliações externas proliferam a visão de que Língua Portuguesa e Matemática são as disciplinas importantes e, portanto, avaliadas.[3] Em uma sociedade complexa e multifacetada, como é possível avaliar a qualidade da educação básica pelos conhecimentos que crianças e jovens possuem em somente dois componentes curriculares? Para viver socialmente são necessários conhecimentos de outras esferas, que não podem ser avaliados por questões de múltipla escolha. Unimo-nos na crítica ao uso de avaliações externas para aferir a qualidade da formação dos docentes, por entender que tais instrumentos são insuficientes para verificar os efeitos de uma tarefa tão complexa. Kincheloe (1997) considera que essas formas avaliativas coadunam com uma concepção neoliberal de educação, pois "em termos simples, um professor é bom se ele produz estudantes que, na média das respostas, apresentam mais

---

3 Lembrando que a recente estagnação nos resultados das avaliações externas tem pressionado os governos a aumentar a carga horária das disciplinas avaliadas, consequentemente diminuindo a presença de outras disciplinas no currículo.

questões corretas em testes padronizados de múltipla escolha do que o esperado, com base no seu conhecimento pré-teste" (p. 21).

Apple (2003) denuncia que currículos comuns e avaliações externas são formas de regulação da educação pelos agentes do mercado. Esses mecanismos favorecem o processo de mercantilização, pois a unificação de conteúdos e a verificação da aprendizagem produzem dados que podem ser comparados. A comparação de resultados, além de gerar competitividade, permite que as pessoas assumam o papel de consumidores, com liberdade para fazer opções. A comparação e a competitividade são essenciais para constituir a educação escolar como um segmento do mercado.

A legitimidade científica faz com que determinados discursos ganhem força no debate com a opinião pública. Seria ingenuidade ou leviandade crer que experientes dirigentes das secretarias de educação não soubessem que o currículo e a formação de professores não são os únicos fatores que impedem avanços significativos na qualidade da educação básica. Eventuais resultados negativos são frutos da incapacidade dos professores, coordenadores e diretores, ou vêm da falta de uma jornada que inclua uma carga significativa para horários coletivos, para o planejamento de aulas e para a formação pessoal e profissional? Ou mesmo a falta de articulação do trabalho escolar em função do acúmulo de atividades exigidas dos coordenadores pedagógicos? É preciso cautela para não incorrer no equívoco de tantos que apressadamente apontam culpados através da simples associação de causa-efeito, aos moldes do pensamento positivista. Todavia, entendemos que os gestores das redes de ensino, aprovados irrestritamente por setores conservadores da sociedade, apoiam-se no que se diz a partir das avaliações externas para promover políticas educacionais alinhadas a uma concepção de educação voltada aos interesses daqueles que defendem uma sociedade capitalista neoliberal.

A avaliação externa serve para constatar que os alunos não "aprendem", fato suficiente para que a população e os setores produtivos pressionem os governos para construir currículos comuns e políticas formativas que atendam aos interesses do capital. Contudo, sob a camuflagem de subsídio ao professor, os currículos comuns e seus materiais de implementação pretendem "formar" os professores para atuar em uma perspectiva pragmática e tecnicista, ao mesmo tempo em que "sugerem" o ensino de um corpo de conteúdos específicos. Trata-se de um menosprezo à capacidade intelectual dos professores, tidos como incapazes de produzir suas próprias práticas e uma retomada de modelos formativos utilizados na década de 1970, em pleno regime militar. Nesse período, o propósito fundamental era "o treinamento do professor nas técnicas, nos procedimentos e nas habilidades que se demonstraram eficazes na investigação prévia" (Gimeno Sacristán e Pérez Gomez, 1998, p. 358).

Além do currículo e das avaliações externas, lança-se mão de um recurso discursivo que desqualifica a atividade docente, o que favorece a implementação de políticas formativas de cunho tecnicista. Deslegitimar os professores a partir do argumento da incompetência tem sido uma estratégia frequente dos gestores educacionais, e raro tem sido o enfrentamento das condições objetivas de trabalho.[4] A desqualificação da atividade docente passa pelos tipos de formação contínua oferecidos aos professores. Em 2008, a SEE/SP dissimulou a capacidade intelectual dos professores ao produzir um curso de formação a distância por meio de videoaulas e fóruns para explicar os documentos curriculares que estavam em processo de implementação na época. Essa iniciativa transmite a ideia de que os docentes não são capazes de compreender o documento curricular. Inclusive, há indícios de que a insistência em materiais instrucionais similares (proposta curricular, caderno do professor, vídeos sobre a proposta e o curso sobre o currículo implementado) sejam uma tentativa de convencer coercitivamente os professores a trabalhar em uma determinada perspectiva epistemológica.

Um curso a distância comporta uma formação de natureza centralizadora, pois são ínfimas as possibilidades de diálogo entre os participantes. Assim formatadas, essas ações se alinham a um movimento hegemônico contemporâneo de desqualificação do espaço social como contexto de interação. A reverberação do discurso de que, na atualidade, a melhor alternativa para propiciar formação contínua aos professores é o EAD na SEE/SP ampliou-se

---

4 Observe, por exemplo, que, em 2013, os professores fizeram greve por melhorias das condições de trabalho em quase todos os estados da federação. Disponível em: <www.cnte.org.br>; acesso em: 25 maio 2016.

nas últimas décadas (Lippi e Neira, 2013). Em outras palavras, depois que se criaram tais mecanismos, a própria secretaria fez proliferar a visão de que encontrar-se presencialmente é inútil, caro e improdutivo. Os argumentos a favor de cursos a distância, em geral, estão de acordo com a ideologia neoliberal. "Só depende da sua iniciativa e da sua disciplina", "você deve ser o gerente de seu tempo de estudo", "outros profissionais que não são professores preparam os materiais e os conteúdos e deixam mastigados aos alunos". Tais discursos, proferidos pelos defensores (ou pelos que lucram) com essa modalidade de ensino, indicam um processo de individualização, que responsabiliza cada pessoa pela própria formação.

As políticas de formação a distância ignoram a importância da coletividade para a construção de uma educação escolar de qualidade. Basta verificar que aquelas escolas que realizam projetos interessantíssimos não encontram espaços organizados para socializar suas experiências pedagógicas com a rede.

Silva Júnior (2003) radicaliza e afirma que a formação a distância, geralmente, apresenta-se como uma prática instrucional, mediada pelo "barato e acessível sistema tecnológico" com foco na cognição, geralmente sustentada por aportes teóricos do "aprender a aprender" e da "pedagogia das competências". Esse contexto sugere um horizonte de possibilidades orientado pela racionalidade mercantil, ou seja, tal modelo formativo é ideal para tornar-se um produto vendável sob a lógica neoliberal. De fato, o sujeito é colocado em uma posição passiva, em plano secundário, sem a possibilidade de entrar em conflito, contestar, contradizer ou tensionar, além de distante da realidade social enfrentada por todos os professores.

A modalidade formativa a distância ecoa uma concepção hegemônica que aponta para a culpabilização dos indivíduos pelos problemas da sociedade. Tal discurso, que coaduna com os ideais neoliberais, responsabiliza o indivíduo e escamoteia uma parcela importante de responsabilidade da sociedade civil e do poder público. Pelas representações coletadas junto aos profissionais que participaram da pesquisa (Lippi, 2010), observamos que essa visão parece estar incorporada por alguns sujeitos, inclusive, quanto à formação inicial e contínua de professores. O discurso dos neoliberais é que a sociedade está mudando e você é *self-made man*, ou seja, faça-se por si mesmo. A responsabilização individual lança a "incompetência" do professor como principal suspeita pelo fracasso escolar nas redes de ensino, escondendo os reais problemas. Até porque ser competente no atual momento histórico significa ser capaz de adaptar-se à "nova" ordem econômica mundial, o neoliberalismo.

Bauman (2001) destaca como característica da pós-modernidade a transformação do cidadão em consumidor, isto é, a transferência dos deveres modernos do poder público para a esfera individual, por isso se valorizam características como o empreendedorismo, ou seja, a capacidade de prosseguir com as próprias pernas. Como viver em sociedade a partir de escolhas individuais? É possível selecionar individualmente o modo de viver coletivamente? O autor nos indica que os "novos tempos" têm promovido um esvaziamento do campo político e do espaço público, assim como do diálogo e da negociação entre diferentes grupos sociais, lembrando que o diálogo e a democracia são ações encarecedoras sob a ótica da produtividade e da competitividade.

Note-se que o mesmo princípio está presente em outros setores da sociedade, como, por exemplo, nos discursos que apontam para a responsabilidade dos indivíduos com relação ao meio ambiente (cada um deve fazer a sua parte para salvar o planeta), à saúde (é necessário alimentar-se de forma balanceada e praticar atividades físicas para ter uma vida saudável e, assim, não onerar o sistema com despesas médicas e garantir a produtividade).

Torres Santomé (2003) identifica o individualismo como valor central nas políticas educacionais modernas. No campo formativo, aponta a abundante produção de livros e cursos destinados à realização pessoal e ao cultivo da individualidade. Valorizam-se exacerbadamente os discursos amparados em conceitos de autoajuda, autoestímulo e superação, que, por sua vez, são associados a estratégias para sobreviver e triunfar como indivíduo.

Também constatamos que a responsabilização individual pela formação é acompanhada por outro discurso: o da atualização constante. Devido à velocidade com que a informação e o conhecimento circulam, o discurso predominante é que os professores precisam se atualizar constantemente. A pressão para que as pessoas se atualizem está incorporada à dinâmica social.

Na rede estadual paulista, a responsabilização individual está sendo imposta por mecanismos que a vinculam à remuneração do professor. Esses mecanismos têm "formado" coercitivamente os professores em determinada lógica, ou seja, o próprio indivíduo supervisiona o seu rendimento e busca soluções para aprimoramento. Para asseverar o processo, na rede estadual foi aprovado um plano de carreira (PLC 29/2009) que incluiu a certificação docente como requisito para evolução funcional, o que significa melhor remuneração para aqueles que "tirarem melhores notas na prova", elaborada a partir de uma matriz de competências e habilidades para o exercício da docência[5] elaborada pela SEE/SP.

O plano de carreira com base no mérito individual avaliado por meio da posse de conhecimentos específicos, guardado o devido interstício temporal, pode ser visto como as últimas costuras para a efetivação de uma política educacional que impõe determinadas concepções de currículo, de formas de avaliação e de formação de professores. Essas concepções indicam uma educação escolar alinhada aos preceitos dos setores produtivos e dominantes. Tal plano de carreira força um duplo movimento, pois, ao mesmo tempo, os professores apropriam-se da lógica da produtividade e do currículo. Essa apropriação pode provocar, ainda, a disseminação desses valores como justos e verdadeiros para outros grupos sociais.

Enfim, não vemos com "bons olhos" o futuro da política de formação contínua de professores na rede estadual, visto que a implantação de uma concepção de evolução funcional baseada em provas periódicas e cursos preparatórios pós-concurso,[6] alicerçada no desenvolvimento de competências para o exercício da docência sob perspectiva utilitarista, tenderá a estimular a responsabilização individual do professor por sua trajetória formativa e a legitimar uma única forma de organizar o trabalho pedagógico.

Prosseguindo com a análise da política curricular da rede estadual paulista, verificamos que sua apresentação realizou-se como se fosse uma pedagogia

---

5 Essas competências e habilidades definem o perfil dos professores que a SEE/SP almeja selecionar nos próximos concursos públicos e/ou processos seletivos de temporários. Publicada no sítio da SEE/SP. Disponível em: <www.educacao.sp.gov.br>; acesso em: 30 maio 2016.

6 Referimo-nos à Escola de Formação de Professores disponível no sítio oficial da SEE/SP.

inovadora, quando, na verdade, é justamente o inverso. O "Caderno do Professor" fraciona o ensino em etapas que devem ser cumpridas pelos docentes e os conteúdos a serem ensinados foram decididos centralmente, cabendo ao professor o desenvolvimento de "boas aulas" para a adequada aprendizagem dos alunos. Mediante a determinação vertical das competências, habilidades e conteúdos e a restrição da tarefa docente à mera execução, o que se constata é o afastamento proposital entre aqueles que "pensam" e aqueles que "executam", lembrando que os resultados da avaliação externa são os reguladores da execução. Observa-se, portanto, a reprodução do ideário pedagógico tecnicista que assolou o Brasil nas décadas de 1960 e 1970, o que fundamenta nossa desconfiança que tal proposição atenda a outras demandas/interesses, como, por exemplo, a legitimação e homogeneização de determinada concepção de educação, a qual tenta fazer com que os professores internalizem "como senso comum uma abordagem profissional que desmembra uma tarefa complexa de ensino em uma série de simples tarefas que mesmo os trabalhadores não qualificados podem executar, isto é, eles têm sido desqualificados" (Kincheloe, 1997, p. 18).

Na pesquisa sobre a formação docente, Souza (2006) corrobora que as secretarias de educação concebem os professores como mal qualificados e que precisam ser mais bem treinados. Afirma que o fracasso escolar é delegado ao professor, desconsiderando o contexto social e institucional das escolas, por isso, os órgãos executivos de diferentes estados e municípios apostam na formação contínua como panaceia para os males da educação escolar. A pesquisadora avalia que essa estratégia é equivocada porque restringe e simplifica a compreensão do trabalho pedagógico. Na sua visão, as políticas de formação contínua devem existir, mas em consonância com políticas educacionais que enfrentem as mazelas das condições objetivas das escolas brasileiras. A baixa qualidade da educação escolar não é um problema técnico nem se trata de encontrar novas teorias ou novas técnicas de ensino para serem transmitidas aos professores.

Segundo Sarti (2008), criou-se um discurso de deslegitimação docente, pelo qual os professores são julgados incompetentes para lidar com a inovação, resistentes e descompromissados. A universidade tem endossado um processo de expropriação dos saberes e deslegitimado os fazeres dos professores, ao mesmo tempo em que se constitui como autoridade no campo educacional. O discurso acadêmico tem assumido uma função de normalização e controle, por meio de dispositivos como cursos de formação contínua, concursos de seleção, propostas curriculares, avaliações externas, avaliação de professores temporários, provas para a evolução na carreira etc.

Os professores têm assumido o lugar do "morto" como em um jogo de baralho. Eles não são envolvidos na produção de seu novo lugar profissional. A comunidade científica tenta convencer os professores a alterar os seus referenciais para a organização da prática pedagógica, sob a égide do discurso científico, inovador e verdadeiro. Mesmo ocupando o lugar de "morto", os professores podem ressignificar os saberes acadêmicos a partir dos saberes da experiência. Os professores devem estar, de fato, no jogo, "jogando com as suas cartas" (Sarti, 2008).

A política formativa nas últimas duas décadas ancorou-se na oferta de cursos que valorizavam os conhecimentos específicos da profissão docente. Ao mesmo tempo, observou-se que foram ignoradas outras formas e possibilidades de ações formativas. Souza (2006) refuta os processos clássicos de formação contínua, como pequenos cursos, seminários, conferências, vivências e similares. O estudo realizado revelou que tais estratégias formativas pouco interferem na qualidade do ensino. Concordamos com a pesquisadora que os processos formativos precisam focar a escola e não os professores, portanto, os conteúdos das ações formativas devem partir das demandas das escolas e não selecionados por critérios que desconsideram o contexto, como fazem os pesquisadores das universidades e os gestores das redes de ensino.

Na nossa pesquisa constatamos a tradição da política de formação "descontínua" de professores, a qual toma contornos de acordo com as pessoas que ocupam os cargos de maior importância dentro do governo estadual e da SEE/SP. A política formativa parece nunca dialogar com a escola. Sempre com programas e formadores exteriores à rede, onde as universidades oferecem conteúdos sem perguntar aos professores e às escolas o que lhes é necessário. Ao longo da história, a universidade tornou-se autoridade educacional, o que a legitima a produzir discursos sobre a escola, apesar de nem sempre conhecê-la a fundo e não ser sua representante. Mesmo assim, seus discursos são referendados (Lippi, 2010).

Nessa concepção de política formativa, diminui a possibilidade de diálogo e tenta-se minar qualquer articulação de ideias opositoras. Desloca-se a escola como centro de debate e como *locus* da formação. As secretarias de educação junto com equipes contratadas definem o currículo, o currículo define as políticas de formação de professores e a avaliação externa assume a função de grande reguladora do processo. Os gestores intermediários tornam-se responsáveis pelos resultados da escola e os professores transformam-se em responsáveis por gerenciar sua própria formação, ambos para atender às demandas do currículo comum.

No caso específico, a SEE/SP parece eximir-se das suas responsabilidades, cobrando resultados de professores e gestores, os quais devem buscar soluções por conta própria. Na verdade, ela põe em prática uma política educacional (currículo, formação de professores e avaliação) de acordo com os interesses dos setores produtivos e da economia neoliberal (Lippi, 2010).

Na contramão, defendemos que as secretarias de educação devem priorizar a formação de professores pensantes e autores de suas práticas, ou seja, capazes de observar a realidade social, compreender suas características e peculiaridades, formular coletivamente ações com vistas a atender às demandas daquela comunidade local (Kramer, 1994; Collares et al., 1999). Em geral, os gestores educacionais ignoram a tarefa pedagógica como complexa e contraditória, parecem vê-la como instrumento para o desenvolvimento econômico. Talvez, por estar atrelada a esta finalidade, não há interesse em organizar uma política de formação voltada para a árdua e complexa tarefa de formar professores pensantes e intelectuais críticos.

De acordo com Gimeno Sacristán e Pérez Gómez (1998), o professor não pode ser um simples técnico que aplica as estratégias e rotinas aprendidas nos processos formativos. Deve transformar-se, necessariamente, em um pesquisador da própria prática, pois é nela que se engendram os problemas definidos de maneira singular e onde devem ser experimentadas estratégias de intervenção, também singulares e adequadas ao contexto e à situação.

Para a formação de professores como intelectuais críticos, destacamos ser imprescindível que os sujeitos protagonizem seu processo formativo e sua atuação pedagógica. A partir dos princípios de Marx (1983), a simples execução pode levar à alienação, pois o professor que realiza o trabalho, de forma repetitiva, homogênea e seriada em massa, de modo geral, vai se tornando um homem separado de suas atividades, ideias e criações e destituído no processo de produção; enfim, como homem que pensa e age, é consumido na realidade das forças produtivas, sendo reduzido ao nível de objeto da classe que detém o poder e o saber. Uma política de formação em que os professores apenas executam acaba por expropriar do homem suas ideias e suas produções, conservando apenas certos aspectos mínimos de sujeito, para que possa continuar produzindo sob a lógica da alienação.

Por isso, para romper com as políticas de formação que concebem professores como meros executores, os docentes precisam ser produtores teórico-culturais, isto é, produtores de saberes a partir das experiências culturais e sociais mediadas por uma reflexão teórica crítica. Os professores precisam tornar-se autores, criadores e produtores de suas ações. Retomando Collares et al. (1999), é necessário que os professores, como sujeitos, assumam os lugares de enunciadores de teorias e práticas, e, consequentemente, estabeleçam uma relação de construção de interpretações e compreensões sobre o que lhes acontece. Trata-se de "assumir o lugar de onde se fala é constituir-se como sujeito, múltiplo, polifônico e único [...]" (p. 212).

Construindo alicerces para uma política de formação crítica

Vimos que, historicamente, as políticas de formação contínua de professores estão alicerçadas nos pressupostos tecnocráticos, os quais sustentam representações restritas e fragmentadas da realidade social, concebendo a educação escolar como imparcial e neutra, quando, na verdade, tais representações são particulares de determinados grupos sociais e, portanto, exprimem seus posicionamentos políticos e valores culturais. A partir da assunção de um posicionamento crítico com relação às políticas de formação tecnocráticas que atribuem um papel secundário aos professores, tratando-os como meros executores e disseminadores dos saberes científicos, defendemos políticas de formação que considerem os professores como protagonistas e sujeitos do processo formativo. Discutimos abaixo, pautando-nos em teorias críticas e pós-críticas da educação, elementos que possam colaborar para a construção de políticas de formação contínua de professores fundadas em referenciais que coloquem, enquanto preocupação central, a justiça social e o desvelamento das relações de poder.

Para a produção de uma alternativa crítica no campo da formação de professores, torna-se necessário romper com os modelos de formação contínua baseados nas carências e necessidades dos professores, sendo essas constatadas a partir de um referencial universal. É preciso construir uma política de formação em que o exercício profissional esteja em consonância com a formação, em relação dialética. Assim, as ações formativas devem possibilitar o reconstruir, o reconceitualizar do próprio trabalho educativo e permitir a produção de uma compreensão ampla e crítica da relação trabalho-formação e da realidade social. A formação contínua não deve ser um molde para a formatação de professores, estes não devem ser formados para imitar outros professores, mas devem ser provocados a refletir e repensar a sua prática, sempre tendo em mente seu comprometimento político, seu engajamento coletivo e a complexidade das relações atuais.

Nunes (2000) indica ações que podem favorecer o rompimento com a lógica predominante: a) privilegiar ações de formação contínua no local de trabalho do professor; b) ações diversificadas e alinhadas aos problemas vivenciados pelos professores; c) reconhecimento e valorização dos saberes docentes; d) grupos de estudo e pesquisa no ambiente escolar; e) ações vinculadas ao projeto político-pedagógico elaborado coletivamente. A partir desses elementos, organizamos a discussão de alguns temas que podem favorecer a construção de políticas formativas com um viés de criticidade, entre eles: 1) O questionamento como ação permanente; 2) Os locais de formação e a escola como *locus*; 3) O professor enquanto sujeito histórico; 4) O professor enquanto um intelectual crítico e engajado politicamente.

O questionamento como ação permanente

O contexto pós-moderno é recheado de múltiplos discursos e linguagens que representam ou estão a serviço de uma infinidade de grupos culturais e sociais. Portanto, a análise crítica da realidade social deve basear-se numa ação constante e permanente. O questionamento das situações cotidianas, principalmente aquelas naturalizadas, deve ser um ato contínuo para podermos compreender em quais referenciais estão ancorados os sentidos e os significados das práticas sociais. Na contemporaneidade, os professores devem desconstruir as posições dadas como inatas e naturais, entendê-las como uma construção social, sendo o questionamento instrumento principal da ação desconstrucionista das verdades tidas como universais. Por exemplo, aquilo que é considerado "bom" ensino é fruto de uma construção altamente subjetiva que varia de acordo com o contexto e com as forças políticas e hegemônicas que estão no poder, ou seja, não se trata de fruto da evolução natural das sociedades humanas.

Uma formação contínua de professores, sob um viés crítico, deve estimular os questionamentos aos resquícios modernos, racionalistas e instrumentais presentes em nossas práticas pedagógicas. E, ao mesmo tempo que questiona a veracidade e eficácia desses pressupostos teóricos, as políticas formativas devem fornecer subsídios para compreender em que contextos essas práticas foram criadas, quem são os grupos beneficiados e quais as razões de sua hegemonia ou quase perpetuação no discurso pedagógico. De acordo com Kincheloe (1997), os professores devem questionar "os papéis sociais tradicionais, estilhaçando estereótipos, encorajando o desenvolvimento da consciência crítica, gerando novas interpretações, ajudando a criar novos conhecimentos e sacudindo a confortável hierarquia das escolas" (p. 222).

Historicamente, nas políticas de formação inicial e contínua predominaram os pressupostos teóricos de cunho tecnocrático. Essa natureza formativa "educa" objetivamente os professores, distanciando-os, enquanto sujeitos ativos, da compreensão e transformação da sociedade. Tal insistência na racionalidade técnica não fez mais que afastar no "processo os professores de seus corpos, induzindo-os a tratarem a si mesmos e a seus alunos como transmissores e recebedores de informação" (Kincheloe, 1997, p. 218). Fomos educados para a passividade diante da produção e disseminação de saberes científicos, não fomos ensinados a exercitar a capacidade de questionar a origem e a veracidade dos conhecimentos produzidos pelo "deus-ciência" e comercializados pelo "deus-mercado". Isto não significa que os professores se deixam levar pelo discurso científico de forma passiva. Eles também o rejeitam, ressignificam, negociam e resistem. Todavia, trata-se de um embate desigual, calcado em relações assimétricas de poder.

Considerando a proliferação dos meios de comunicação, é imprescindível a habilidade de extrair sentidos e significados das formas persuasivas de informação, tais como comunicados políticos, comerciais ou propagandas, imagens artísticas e midiáticas. A preservação de um Estado democrático passa por desvelar os códigos e mensagens expostos pela sociedade contemporânea, por isso, a necessidade do questionamento e das análises críticas enquanto uma ação permanente.

A transformação do ambiente escolar num espaço democrático não excludente passa pela necessidade de nós, professores, compreendermos os contextos reais em que ocorrem as aprendizagens e devemos estar dispostos a assumir uma posição política frente às condições existentes. Por meio do questionamento permanente, precisamos colocar em xeque as práticas institucionais da escola para entendermos quais são as restrições que se nos impõem ao desenvolvimento de uma pedagogia crítica. Isto não é possível sem o reconhecimento das práticas escolares, que estão guiadas por interesses de dominação de qualquer grupo social. Enfim, é imprescindível perceber como as forças sociais e políticas têm moldado os sistemas escolares, suas formas de gestão, seus processos formativos, as identidades dos professores, os conteúdos de ensino, as formas de avaliação, entre outros.

Kincheloe (1997) sugere que os conhecimentos da Semiótica podem ajudar os professores a descobrir os códigos ocultos e os sinais que, inconscientemente, movimentam os sistemas escolares. Logo, o questionamento, como uma ação permanente, deve partir de reflexões sobre as práticas escolares, culturais e sociais. Estas devem ser um ato coletivo, subsidiado teoricamente, e não um ato individualizado e solitário baseado no empirismo, como sugerido pelos práticos reflexivos.

De modo geral, as ações formativas críticas esbarram na estrutura organizacional pautada pelo paradigma da racionalidade. É incompatível qualquer política de formação docente que valorize os saberes dos professores e que os reconheça enquanto intelectuais críticos, produtores de práticas pedagógicas inovadoras, quando as redes públicas de ensino criam um sistema que congrega um currículo produzido pelos órgãos centrais, uma avaliação externa que verifica as aprendizagens dos alunos a partir desse currículo e uma remuneração adicional aos professores que alcançarem os resultados esperados.

Uma ação formativa com viés crítico deve proporcionar questionamentos por parte do professorado sobre as estruturas hierárquicas às quais estão submetidos, buscando alternativas para a sua desconstrução e, concomitantemente, buscando alicerces para a construção de espaços democráticos para discussão e elaboração de currículos, tanto para a formação docente quanto para a avaliação dos alunos, professores e, até mesmo, do sistema educacional.

Devemos questionar os discursos pedagógicos consensuais, principalmente aqueles que atualmente valorizam os professores como autores de práticas inovadoras, pois parecem inclinados a transformar professores em marionetes das pedagogias hegemônicas. Essas, por sua vez, difundidas tanto pelas publicações oficiais quanto pelo mercado editorial, produzem um discurso consensual com o qual todos devem se alinhar. Portanto, indagamos se são realmente consensuais ou se forjam esse rótulo para garantir sua hegemonia. Será que professores-questionadores, que sugerem práticas que rompem sistematicamente com o consenso pedagógico atual, possuem o mesmo espaço para divulgação no mercado editorial? Por exemplo, o relato do trabalho "Ginásticas: saúde e lazer x competição" da professora Jacqueline Cristina Jesus Martins publicado no sítio do Grupo de Pesquisas em Educação Física Escolar da FE-USP[7] é carregado de atividades que desestabilizam os consensos sobre as ginásticas, mas, nas reportagens e vídeos do mesmo trabalho que foram publicados pela revista *Nova Escola*, as práticas pedagógicas questionadoras elaboradas pela professora encontram-se deformadas, suavizadas ou escamoteadas, prevalecendo concepções hegemônicas sobre saúde e ginástica.

---

7 Disponível em: <www.gpef.fe.usp.br/teses/jacque_07.pdf>; acesso em: 15 jun. 2016.

Para termos o questionamento como ação permanente, é fundamental que os professores se tornem exímios leitores e transformadores da realidade social. Isso somente é possível com uma política de formação contínua ampla, que não valorize somente os conteúdos advindos da universidade nem tampouco fique restrita ao conhecimento epistemológico da área de atuação. Experiências formativas no campo da cultura popular, do teatro, do cinema, da literatura, dos movimentos sociais, da arte, da política, entre outros, são importantes para a formação de professores, a fim de que possam fazer boas leituras, desde os aspectos macropolíticos das ações governamentais até as singularidades da comunidade local que atendem.

Os locais de formação e a escola como *locus*

Almeida (2005) considera a existência de uma infinidade de locais e instituições que podem tornar-se instâncias formadoras, como, por exemplo, escolas, universidades, espaços culturais, ONG, sindicatos, plataformas de educação a distância, entre outros. Todavia, alerta-nos que as práticas formativas em uma perspectiva crítica devem seguir alguns critérios para se tornarem válidas: 1) há que proporcioná-las sob regras e ambientes que valorizem o debate democrático de ideias e concepções; 2) devem inserir-se nos projetos políticos-pedagógicos das escolas e conectar-se à realidade docente; e 3) os professores devem ser concebidos enquanto sujeitos do processo formativo.

Apesar da preocupação com uma formação ampla que aumente os recursos dos professores para uma leitura crítica de mundo, também devemos nos preocupar com as ações voltadas para formação "técnica" do professor, ou seja, aquelas que problematizam os saberes inerentes à profissão. Uma compreensão crítica da realidade é imprescindível no processo educativo, contudo, o professor-alfabetizador, por exemplo, precisa conhecer com propriedade as teorias de ensino, os métodos e as práticas escolares sobre o processo de construção da leitura e da escrita, pois sem isso o processo de alfabetização, provavelmente, ficará comprometido. Definitivamente, defendemos que as políticas de formação contínua precisam articular ações formativas de diversas naturezas.

Independente da modalidade de formação, Fusari (1997) e Nunes (2000) concordam que a escola deve ser o ponto de partida e de chegada. Em outras palavras, o ambiente escolar deve ser o *locus* de referência ou de ressonância de qualquer política de formação contínua de professores comprometida com o desenvolvimento profissional dos docentes e com a melhoria efetiva da qualidade de ensino. Isso implica o rompimento com a concepção de escola como lugar onde somente se transmitem conteúdos produzidos pela ciência, para transformá-la num local de produção de conhecimentos e saberes culturais. O fio condutor da formação contínua deve ser a reflexão crítica sobre as práticas e os conhecimentos dela advindos. Tais experiências devem compor o eixo central para a consolidação de políticas de formação contínua de professores.

Os autores sugerem uma inversão para que as escolas tornem-se efetivamente o ponto de partida para a formulação de políticas de formação em serviço. Tal inversão consistiria na disposição das secretarias, universidades, sindicatos, ONG, centros culturais e associações, para atender às demandas e às necessidades da unidade escolar, por meio de uma mão dupla com a participação de todos os envolvidos na formulação dos projetos.

Fusari (1997) afirma que a transformação da escola como *locus* da formação contínua de professores não só depende da vontade e do esforço individuais. A estrutura da carreira, as formas de contrato, a jornada de trabalho e a política de gestão escolar são aspectos importantes que interferem no processo formativo, portanto, devem estar adequados às necessidades e às expectativas de formação. Por exemplo, a jornada docente deveria ser organizada com uma carga destinada à docência e outra carga destinada a ações administrativo-pedagógicas (conselhos de classe, reuniões, preparação de atividades etc.) e ações de formação em serviço (grupos de estudos, ciclos de palestras e discussão sobre as necessidades da escola).[8]

O fato de as escolas, por si só, serem responsáveis por organizar suas próprias ações de formação contínua não torna as práticas formativas mais qualificadas. Se a formação contínua organizada pela própria escola ou pelos

---

8 Desde 2008, a lei federal 11.738, que instituiu o piso salarial profissional nacional para os profissionais do magistério público, garante um terço da jornada do professor para atividades extraclasse, mas, infelizmente, nem todos os entes federativos aplicam a legislação apesar das pressões sindicais.

professores permanecer limitada a ações pontuais desagregadas de um projeto maior de formação, carecendo de validade e sequência, tais ações responderão parcialmente às expectativas e às necessidades da unidade escolar, tal como se deram as práticas formativas historicamente oferecidas pelos órgãos centrais. Para tanto, destacamos que um dos instrumentos importantes para a real transformação da escola em *locus* de formação passa pela construção coletiva e democrática do projeto político-pedagógico da escola. O projeto da escola deve contribuir na formulação de um quadro de análise da situação real da instituição, que destaque os pontos cruciais merecedores de cuidado e atenção. Tal quadro de análise deve tornar-se suporte para balizar as ações de formação contínua dos professores da unidade escolar.

Posicionamo-nos a favor da escola enquanto *locus* da formação contínua. Contudo, alertamos que a realização das ações pelas unidades escolares não deve significar uma transferência de responsabilidades, pois é dever das redes ou sistemas de ensino propiciar condições para que, realmente, sejam criados espaços de formação de professores nas escolas. Seria ilusão que a autonomia escolar permitisse que cada unidade possuísse sua própria política de formação, afinal, a escola participa de um sistema ou rede de ensino, logo, não pode isolar-se. Seria ingenuidade acreditar que as escolas poderiam existir sem as estruturas organizacionais das redes de ensino. Estas têm por obrigação a normatização e o oferecimento de condições para a formação contínua. A dependência não significa subordinação, a qual traria imposições e atitudes autoritárias. As políticas de formação devem ser negociadas a partir das reivindicações dos professores, das necessidades da comunidade local e das possibilidades do poder público.

Fusari (1997) condena a exteriorização da formação em serviço ocorrida no passado recente, mas alerta para que não se incorra no mesmo erro ao inserir toda a formação contínua dentro da escola. De acordo com o autor, a presença de professores em outros fóruns de formação também pode ser enriquecedora. A participação em seminários, congressos ou encontros regionais, estaduais e nacionais de professores permite uma visualização ampliada da situação escolar e do contexto mais amplo, vislumbrando alternativas para as necessidades da escola.

Em políticas de formação contínua preocupadas em atender às novas demandas sociais e culturais, é imprescindível que o professor fale sobre o seu trabalho e tenha acesso às teorias para pensar coletivamente e redimensionar as suas práticas pedagógicas. Para tanto, é preciso equilibrar o *locus* da formação contínua, que deve oscilar entre ações no interior e no exterior da escola. Com isso, todas as discussões de natureza teórica ou prática devem focalizar a organização da escola, as atividades de ensino, os processos avaliativos, as dificuldades de aprendizagem, enfim, todas as ações reguladoras da atividade escolar. Fusari (1997) aponta que a relação entre educação básica e universidade pode ser profícua para a sistematização de uma política de formação contínua a longo prazo. Contudo, faz uma ressalva: para que tal parceria ocorra de forma consistente e perene, devem ser superadas as relações de poder instaladas entre essas instituições sociais. Quando a escola fica sob tutela da universidade, esta assume o papel de produtora e detentora do saber, enquanto os professores responsabilizam-se simplesmente por aplicar saberes produzidos pelos pesquisadores.

Para exemplificar uma situação em que a escola assume sua condição de agência formadora, tome-se o Projeto Especial de Ação (PEA), que ocorre nas escolas municipais de São Paulo. Tal projeto configura-se como uma proposta de formação contínua realizada e organizada pelos professores, sob a responsabilidade do coordenador pedagógico. O PEA, que ocorre ao longo de todo o ano letivo e dentro da jornada de trabalho do professor, cria uma possibilidade real de reflexão acerca das práticas pedagógicas da unidade escolar, gerando encaminhamentos e desdobramentos na ação docente cotidiana. O PEA é um espaço coletivo de discussão que permite relacionar as pesquisas acadêmicas e a experiência concreta da docência, trazendo para o centro do debate a escola da forma como ela é.

O professor enquanto sujeito histórico

Em uma perspectiva crítica, a política de formação contínua deve ser concebida como um ato compartilhado entre a administração pública e os professores. É fácil constatar o fracasso das diversas tentativas de implementação de políticas de formação sem a participação dos professores no processo de elaboração, planejamento e avaliação. Ao mesmo tempo, concordamos com a inviabilidade de o docente responsabilizar-se pelo processo formativo, visto que, mesmo que consiga participar de atividades com esse sentido, significaria uma formação individual, fragmentada e desmembrada do coletivo da escola. Assim, cremos que os professores devem ser reconhecidos como sujeitos históricos, em outras palavras, como atores sociais portadores de uma história de experiências formativas pessoais e profissionais e de um conjunto de conhecimentos e saberes acumulados, os quais precisam ser reconhecidos e valorizados para implementação de qualquer política educacional.

Fusari (1997) destaca elementos que devem ser considerados na construção de qualquer política de formação contínua de professores:

> É preciso que os educadores sejam valorizados, respeitados e ouvidos – devem expor suas experiências, ideias e expectativas. É preciso também que os saberes advindos de sua experiência sejam valorizados; que os projetos identifiquem as teorias que eles praticam, e criem situações para que analisem e critiquem suas práticas, reflitam a partir delas, dialoguem com base nos novos fundamentos teóricos, troquem experiências e proponham formas de superação das dificuldades. (Fusari, 1997, p. 170).

É ingenuidade acreditar que novas formulações de propostas e reformas curriculares ou formativas substituam plenamente a cultura escolar instalada. As mudanças não ocorrem em um passe de mágica, por isso a imposição de políticas educacionais via órgãos centrais não determina que a escola recomece tudo do zero nem que os professores e alunos se transformem, apesar de influenciarem a constituição da paisagem escolar. Os professores e os alunos resistem e ressignificam as propostas e reformas, simplesmente porque possuem uma história de experiências no universo escolar marcadas por reestruturações. Logo, possuem senso crítico para distinguir as ações viáveis das inviáveis, as perenes das pontuais, as positivas das fracassadas. Por tudo isso, lamentamos que professores e comunidade escolar sejam negligenciados na participação da elaboração de diretrizes para as propostas e reformas.

De acordo com Gatti (2003), os conhecimentos são partilhados socialmente, ou seja, são produzidos e mantêm íntima relação com os contextos sociais e culturais de origem. Pensando nas ações formativas, para que tenham êxito, devem ancorar-se nas experiências socioculturais dos professores. A autora alerta que apenas reconhecer o ambiente sociocultural dos professores não é suficiente para a construção de práticas formativas que efetivamente provoquem mudanças substanciais nas práticas pedagógicas. As experiências e conhecimentos da realidade social e cultural dos professores devem servir de referência para organização de programas de formação contínua. A mesma ideia é defendida por Kincheloe (1997):

> Conhecer o lugar de onde começamos permite dar-nos conta dentro de que lugar nós vivemos. Lugar é o local onde os nossos sentimentos tomaram forma, o local onde nossas consciências transformaram-se em referências metafóricas na nossa tentativa de entender o mundo da mudança para acomodar o inesperado. (Kincheloe, 1997, p. 219).

As políticas de formação contínua devem ser algo amplo e não somente restrito à simples e à burocrática preparação para o trabalho. Para tanto, é fundamental que as políticas superem os singelos investimentos na instrumentalização dos conhecimentos teórico-práticos de diferentes campos do saber (Nunes, 2000). Segundo a autora, questões mais profundas e sensíveis devem estar presentes no debate, dado que se associam a habilidades como comunicabilidade, reflexão, questionamento, enfim, proposição e realização de práticas pedagógicas que reconheçam a paisagem pós-moderna e multicultural presente nas escolas. A formação crítica que percebe a constituição do cenário pós-moderno não pode limitar-se ao oferecimento de cursos ou discussões teóricas acerca de conteúdos ou métodos de ensino.

Com isso, não queremos negar a necessidade e a existência de saberes específicos para o exercício da docência. Apenas reforçamos que as características humanas da docência e do magistério impedem que se configure uma dicotomia entre o profissional e o pessoal. O desenvolvimento profissional e pessoal interage compreendendo diversos aspectos como: a história de vida, a formação acadêmica recebida, a trajetória pessoal, as experiências pessoais e profissionais, suas relações com a família, a religião, a política, suas interpretações do ser professor. Como não existe dissociação entre profissional e pessoal, deve haver uma coerência entre o ser professor e o ser cidadão. Ora, é possível formar alunos para uma compreensão crítica da realidade social se o professor possui uma visão ingênua? Um professor preconceituoso formará alunos respeitadores da diversidade cultural? A princípio, acreditamos que não!

Gatti (2003) destaca a necessidade de os formadores de professores enxergá-los não como simples receptores e transmissores de conhecimento, mas como sujeitos que se apropriam, refletem e transformam a realidade social.

> É preciso ver os professores não como seres abstratos, ou essencialmente intelectuais, mas como seres essencialmente sociais, com suas identidades pessoais e profissionais, imersos numa vida grupal na qual partilham uma cultura, derivando seus conhecimentos, valores e atitudes dessas relações, com base nas representações constituídas nesse processo que é, ao mesmo tempo, social e intersubjetivo. (Gatti, 2003, p. 197).

As políticas, para uma formação crítica, não devem subjugar os conhecimentos que os professores possuem. Na realidade, deve haver um esforço na criação de situações nas quais os professores possam explorar e criticar seus conhecimentos tácitos, suas experiências escolares, seus valores e crenças sobre a cultura escolar. Criticar não no sentido de negar, invalidar ou deslegitimar esse conjunto de saberes e experiências, mas com a intenção de promover reflexões coletivas de alta ordem, o que significa aprofundar, buscando compreender a raiz, a origem, a existência desse arcabouço de saberes que balizam a prática pedagógica. As reflexões coletivas se traduzem em instrumentos para tornar problemáticos os conhecimentos de validade universal. Problematizar quer dizer questionar práticas consideradas incontestáveis, como crenças e pressupostos educacionais. Compreender os significados sociais e culturais, impressos em nossas práticas, torna-se imprescindível para a construção de uma política educativa que almeja desvelar as relações de poder e dominação.

É preciso que os professores se autoinvestiguem, descobrindo seus preconceitos e tomando consciência da sua concepção de mundo e realidade. Lembrar que o professor também é criador de uma representação sobre as coisas, as pessoas, os objetos, as ações. A interrogação abrange também a subjetividade e as experiências dos alunos para compreender e desvendar as complexas relações de poder de ordem econômica, cultural e ideológica. Portanto, para a formação do professor, é preciso explorar e assimilar de forma crítica os conceitos-chave das teorias do discurso, da recepção, do pós-estruturalismo e da hermenêutica desconstrucionista (Kincheloe, 1997).

O professor, enquanto sujeito histórico, situado em um contexto de globalização e hibridização cultural, não pode ficar alheio ao entendimento das atuais análises das dimensões de classe, cultura, ideologia, etnia, raça e gênero. A formação de professores deve ser pensada como uma política cultural, fundamentada nas teorias críticas e pós-críticas de educação, que estimule um conjunto de ações para desvendar os valores implícitos pela racionalidade instrumental hegemônica. Se as políticas de formação negligenciarem a discussão em torno das questões de dominação e poder, corre-se o risco de perpetuar as desigualdades sociais na sala de aula (Giroux e McLaren, 2001).

Tardif (2002) define o professor enquanto "sujeito que assume a sua prática a partir de significados que ele mesmo dá, um sujeito que possui conhecimentos e um saber fazer provenientes de sua própria atividade e a partir dos quais ela a estrutura e a orienta" (p. 115). Pensando na construção de uma política formativa que conceba o professor enquanto sujeito histórico, o diálogo e a dialética devem tornar-se estratégias mediadoras. Apenas por meio do diálogo constante poderemos perceber que os problemas de ensinar e aprender não são lineares nem objetivos. Não se configuram como quebra-cabeças estruturados a serem resolvidos por procedimentos padronizados. O processo de ensino-aprendizagem é extremamente complexo, como a sociedade contemporânea, por isso não possui métodos uniformes. Já a dialética, como elemento mediador para a construção de práticas formativas, significa dar espaço para a transcendência e para a subjetividade e, ao mesmo tempo, combater a contingência e a objetividade dos paradigmas racionalistas e conservadores (Kincheloe, 1997).

O professor, ao longo de seu percurso profissional, realiza descobertas pedagógicas, testa hipóteses para a solução de problemas e instaura novas práticas pedagógicas. Nesse ciclo contínuo, reconstrói seus saberes, propõe novos conceitos e reavalia suas análises e interpretações acerca da realidade social que o cerca. Enfim, o professor é um sistematizador de teorias e práticas pedagógicas ao longo da carreira. Huberman (1992, apud Nunes, 2000) sugere a existência de um ciclo profissional do professor: 1) entrada na carreira; 2) estabilização; 3) diversificação; 4) pôr-se em questão; 5) serenidade e distanciamento afetivo; 6) conservadorismo e lamentações; 7) desinvestimento.

Reconhecer os professores enquanto sujeitos históricos supõe pensar em políticas formativas que atendam profissionais que se encontrem em diferentes fases da carreira. Não podemos tratar da mesma forma o professor iniciante e o experiente. As expectativas e as necessidades são outras. Com isso, em perspectiva crítica, deve ser repudiada a ideia de políticas formativas totalizantes, pois sob o discurso de atender a todos corre-se o risco de não atender ninguém. De nada adianta propor ações desvinculadas da experiência dos docentes.

Não estamos sugerindo ideias padronizadas para cada faixa etária ou de acordo com o tempo de magistério. Apenas destacamos a importância de considerar a história dos sujeitos para a construção de políticas formativas. Candau (1996, apud Fusari) partilha da mesma ideia:

> Para um adequado desenvolvimento da formação contínua, é necessário ter presentes as diferentes etapas do desenvolvimento profissional do magistério; não se pode tratar do mesmo modo o professor em fase inicial do exercício profissional, aquele que já conquistou uma ampla experiência pedagógica e aquele que já se encaminha para a aposentadoria; os problemas, necessidades e desafios são diferentes e os processos de formação contínua não podem ignorar essa realidade, promovendo situações homogêneas e padronizadas, sem levar em consideração as diferentes etapas do desenvolvimento profissional. (Candau, 1996, apud Fusari, 1997, p. 181).

Assim, defendemos que as políticas formativas, que valorizam o professor enquanto sujeito histórico, devem pautar-se em princípios democráticos, dialógicos e dialéticos, reconhecer os saberes e os conhecimentos dos professores e o seu ciclo formativo, além de propiciar a troca sistemática de experiências entre os professores, sem hierarquias verticais.

Na rede municipal de Porto Alegre/RS encontramos alternativas ao modelo hegemônico de administração e formação de professores. Desde o início da década de 1990, juntaram-se forças para a construção de uma escola cidadã, pautada pela democratização da gestão, do acesso e do conhecimento. Entre as estratégias utilizadas destaca-se a construção de fóruns locais, regionais e municipais. Esses fóruns debateram acerca do combate aos mecanismos de exclusão, a sistematização de políticas de inclusão e a formação permanente de professores, que culminaram na produção coletiva de uma cartilha intitulada "Princípios da Escola Cidadã", documento norteador de todas as ações da rede municipal porto-alegrense. Tais princípios democráticos estão expressos claramente nas diretrizes da formação permanente de professores. Constatamos a qualidade dessas ações quando se observa uma preocupação em relação ao vínculo das políticas formativas com o trabalho pedagógico da escola e também quando as diretrizes apontam para o reconhecimento da unidade escolar como local de produção e disseminação de conhecimentos e saberes. Encontramos, na cartilha "Princípios da Escola Cidadã", proposições que abarcam a formação permanente dos profissionais da educação em uma perspectiva crítica:

23. Garantir e oportunizar a Formação Permanente dos trabalhadores em educação e dos demais segmentos da comunidade escolar.

24. Propiciar espaços para planejamento, discussão, reflexão, estudos e cursos que enriqueçam o trabalho pedagógico da escola.

42. Formação Permanente dos trabalhadores em educação, contemplando a integração entre teoria e prática, comprometida com a filosofia da escola, em horário de trabalho, entendendo a escola como centro de

pesquisa, com assessoria e intercâmbio com outras instituições. (Molina e Molina Neto, 2001, p. 77).

O professor enquanto intelectual crítico e engajado politicamente

Giroux (1997), baseado nas ideias de Gramsci sobre o papel dos intelectuais na produção e reprodução da vida social, defende uma formação de professores intelectuais críticos. Isto significa responsabilizar-se pelo desenvolvimento da crítica dos problemas e das experiências da vida cotidiana para a transformação das práticas sociais ao redor da escola. Em oposição às concepções técnicas ou instrumentais de formação, os professores intelectuais críticos não são vistos como meros executores das políticas educacionais, eles assumem a responsabilidade de problematizar os pressupostos que sustentam os discursos hegemônicos, os quais legitimam as práticas sociais e acadêmicas.

Compreender os professores enquanto intelectuais críticos perpassa uma concepção específica do espaço escolar. As escolas são vistas como locais culturais e sociais permeados pelas disputas políticas de poder e controle. Em outras palavras, as escolas vão além da simples transmissão de um conjunto comum de conhecimentos de forma objetiva tal como na pedagogia do gerenciamento,[9] "as escolas são lugares que representam formas de conhecimento, práticas de linguagem, relações e valores sociais que são seleções e exclusões particulares da cultura mais ampla" (Giroux, 1997, p. 162).

O conceito de intelectual de Gramsci não foi elaborado a partir de observações da realidade escolar, portanto, os intelectuais estão presentes em diversos grupos sociais. De acordo com Máximo (2000), os intelectuais exercem diversos papéis na sociedade contemporânea. Para os liberais conservadores, os intelectuais assumem a função de guiar a humanidade pela ótica da racionalidade. É preciso destacar que a origem desse grupo social está ancorada, historicamente, na cultura erudita ou na alta cultura, ou seja, os intelec-

---

9 Aquela que busca a padronização de conhecimentos e procedimentos para facilitar o controle e gerenciamento do sistema.

tuais são de origem burguesa, assim, sempre estiveram a serviço da burguesia desde a época das revoluções burguesas. Após esse período, os intelectuais pairavam acima de tudo e de todos como se estivessem num pedestal. Entre os conservadores, a intelectualidade e a política são incompatíveis, pois a primeira deveria estar a serviço exclusivo da racionalidade técnica, sendo assim, a política seria uma interferência parcial dos intelectuais. Para os progressistas, os intelectuais críticos podem ser formuladores de teorias revolucionárias que poderiam levar o proletariado a uma revolução redentora. Destaca-se que apenas a partir do assalariamento e da proletarização dos intelectuais esse grupo agregou-se aos trabalhadores e saiu em defesa das suas causas.

Cada grupo social produz seus intelectuais "orgânicos", porque se vinculam à organicidade e aos interesses do coletivo ao qual pertencem. No interior dos grupos, os intelectuais têm o papel de dar unidade a pensamentos e atividades. Lembrando que os intelectuais e os grupos sociais estão inseridos em um intricado campo de lutas em busca de uma universalização da sua particular concepção de mundo, de sociedade, de economia, de educação, entre outras.

Na obra de Gramsci, o conceito de intelectual está intimamente ligado ao de hegemonia. Para um grupo social tornar-se hegemônico, a classe dirigente deve organizar uma verdadeira política voltada aos intelectuais. Estes são responsáveis por disseminar a ideologia dominante para controle civil e político da sociedade. Segundo Portelli (1977), a hegemonia apenas se consolida a partir do controle das sociedades civil e política, por meio da superestrutura ideológica. Em um sistema hegemônico, os intelectuais representantes da classe dirigente orientam os intelectuais de outros grupos sociais, o que, de fato, permite que a classe dirigente, por meio do bloco ideológico, passe a controlar outros grupos sociais. Em outras palavras, são formas de controle social que evitam violência e coerção entre grupos sociais.

O controle ideológico da sociedade civil caracteriza-se pela difusão de uma determinada concepção de sociedade junto aos diversos grupos sociais, tornando-se assim "senso comum", ao qual cabe a gestão da sociedade. Em outras palavras, tornam-se públicos os valores de um determinado grupo social como se fossem universais, em busca de consensos. Como consequência, os autores dessas concepções de sociedade credenciam-se como os melhores administradores. Por exemplo, na sociedade contemporânea, o setor empresarial, por meio de discursos e práticas de seus intelectuais, tem sido eficaz no convencimento a outros grupos sociais de que são os melhores para gerir o setor público, o que os têm credenciado para gerir com seus próprios instrumentos determinadas instituições públicas como escolas, hospitais, presídios, entre outras.

Giroux e McLaren (2001) asseguram que não é exagero afirmar que o paradigma atual das políticas de formação de professores está configurado para criar intelectuais que operam a serviço dos interesses dos grupos sociais dominantes, cuja função social é primordialmente manter e legitimar o *status quo*. Sob essa ótica, os intelectuais partem em "defesa de valores eternos, desinteressados, o que significa trair os homens de 'carne e osso' e colocar-se como guardiões de um sistema de ideias que justifica as injustiças, ou seja, tornam-se 'cães de guarda' do sistema de opressão reinante" (Maximo, 2000, p. 29).

Operando em oposição a essa perspectiva, Giroux e McLaren (2001) defendem que os grupos sociais subordinados devem se organizar para formar seus próprios intelectuais não preocupados em tornarem-se hegemônicos. Na verdade, devem estar engajados em uma disputa política democrática, buscando relações mais simétricas de poder. A formação de professores está intrincada nesse processo. Segundo os autores, é preciso formar professores como intelectuais críticos, em outras palavras, professores capazes de ratificar e praticar o discurso da liberdade e da democracia. Para o aperfeiçoamento da democracia são necessários atores sociais qualificados (criadores, organizadores e difusores da cultura) e com alto grau de consciência e engajamento político.

Como não há neutralidade política, o engajamento político é essencial para a atuação do intelectual em uma perspectiva crítica. Os professores intelectuais críticos precisam manter um vínculo orgânico com o "simples", sem o que perderão a possibilidade de apreender a realidade social e compreender o ponto de vista do outro, fechando caminhos para uma atuação democrática, que respeite a multiplicidade de vozes e de concepções. Os professores precisam ser produtores teórico-culturais[10] e praticantes da política. Por exemplo, os intelectuais reconhecidos socialmente, como os especialistas e os professores universitários, ao não manter um contato imediato e representativo com os grupos sociais marginalizados, assumem uma postura arrogante de detentores dos saberes válidos e não passam de funcionários da superestrutura ideológica, isto é, intelectuais a serviço do discurso hegemônico.

Para tornar-se um intelectual crítico, é necessário passar pelo processo de rejeição do monopólio de uma versão único-hegemônica de percepção, leitura e compreensão da realidade social. Em outras palavras, todo intelectual deve desconfiar e romper com soluções doutrinárias prontas para serem aplicadas a diversos contextos, pois os processos formativos uniformizados garantem a univocidade da cultura dominante e, ao mesmo tempo, restringem a ação do professor sobre o que ensinar e como ensinar. A imposição de currículos escolares elaborados por órgãos centrais não parece alinhar-se com uma política que enquadre o professor como intelectual crítico. Tais políticas formativas ou curriculares não estimulam os professores a atuar como criadores ou autores das situações de aprendizagem para o atendimento das demandas da comunidade escolar. Ao adotarmos essas ideias, o que será possível dizer dos pacotes uniformizados de formação e currículos? Estes contribuem para a formação de intelectuais críticos ou, simplesmente, técnicos e executores?

As teorias tecnocráticas, que sustentam esse discurso de univocidade na formação e na construção curricular, ou as teorias crítico-reprodutivistas, que se restringem à denúncia da dominação e das relações desiguais de poder, nada favorecem para a constituição de professor intelectual crítico, observador da realidade social e produtor de ações pedagógicas transformadoras. Em ambas teorias, o professor não passa de um boneco ventríloquo: ou ele aplica os saberes produzidos por peritos que detêm a verdade ou é brinquedo inconsciente no jogo das forças sociais que determinam o seu agir (Tardif, 2002).

Em uma perspectiva marxista, o trabalho não é concebido como mera produção de mercadoria como nos ditames capitalistas, mas entende-se como

---

10 Não confundir com a produção teórico-acadêmica. A produção teórico-cultural está vinculada com os saberes produzidos a partir das experiências culturais e sociais mediadas por uma reflexão teórica crítica.

elemento de humanização, ou seja, de promoção e realização humana. Isto é, por meio do trabalho, o ser humano pode transgredir as barreiras naturais e biológicas, ampliando-se em um ser social produtor de ações conscientes, transformadoras e criadoras. Então, o professor, enquanto trabalhador da educação, não pode se transformar em executor de práticas pedagógicas pensadas por outros, ele deve ser o autor, o criador e o produtor de suas ações. Lembrando que toda atividade humana requer pensamento e reflexão, por mais rotineira que seja. Almeida (2005, p. 6) defende que os professores "deixem de ser meros consumidores de conhecimento e passem a produzi-lo, numa perspectiva colaborativa, valorizando a si e a seus parceiros". A autora reconhece, todavia, que estamos, ainda, em um estágio rudimentar para que os professores possam assumir o controle sobre os rumos de seu desenvolvimento profissional. Assim, indagamos: por que os professores não detêm o poder e o direito de, juntamente com os seus parceiros de trabalho, definir os conteúdos e as formas de seus processos formativos?

O professor, enquanto intelectual crítico, não pode estar a serviço de tornar uma única compreensão da realidade verdadeira para todos. Na verdade, este deve buscar estratégias para equilibrar o desigual campo simbólico de lutas por significados culturais. Giroux e McLaren (2001), em busca de alternativas em torno de políticas formativas críticas, defendem a construção de políticas contra-hegemônicas e não apenas as ações de resistência. Segundo os autores, as políticas contra-hegemônicas tratam da criação de novas relações sociais e novos espaços públicos, que corporifiquem formas alternativas de experiência e luta, diferentemente das ações de resistência que estão relacionadas à contestação pessoal das formas de dominação de natureza informal, desorganizada, apolítica e ateórica. Souza (2005) destaca que a inovação e a resistência pontual e não sistemática podem trazer descontentamentos. Os professores com práticas de resistência inovadoras e fragmentadas que tentam reagir às avassaladoras práticas hegemônicas, muitas vezes, sobrecarregam-se, o que pode levar à descrença e à desistência pela luta social.

Segundo Collares et al. (1999, p. 212), para romper com as políticas de formação que concebem os docentes como meros executores, é necessário que, como sujeitos, assumam os lugares de enunciadores de teorias e práticas e, consequentemente, estabeleçam uma relação de construção de interpretações e compreensões sobre o que lhes acontece. Segundo os autores, "assumir o lugar de onde se fala é constituir-se como sujeito, múltiplo, polifônico e único [...]". Os professores precisam adquirir o *status* de verdadeiros atores, e não os de simples técnicos ou de executores das reformas educacionais. A desvalorização dos saberes dos professores pelas autoridades educacionais, escolares e universitárias não é um problema epistemológico, mas político (Tardif, 2002).

Então, qual seria o papel dos intelectuais e dos professores intelectuais críticos na sociedade contemporânea? Os professores intelectuais críticos devem dar conta de uma postura técnica/acadêmica ou de um engajamento político? Eles devem ir para o combate em campo aberto ou permanecerem presos à denúncia? Cremos que, se não houver um engajamento político, não existirá ação transformadora. Fazer política não impede o intelectual de engajar-se na produção e difusão dos produtos culturais. Afinal, a produção de saberes e o engajamento político são ações complementares (e não suplementares!), ou seja, se completam e não se anulam. Visando uma formação de professores como intelectuais críticos, Giroux (1997) destaca a essencialidade de tornar o pedagógico mais político e o político mais pedagógico.

As políticas que tenham como alvo ações para a formação de professores intelectuais críticos precisam conceber os docentes como imersos na cultura, o que significa uma amplitude além do discurso científico, sendo eles autores, produtores e criadores de cultura e de linguagem – as quais são mediadoras das relações sociais no campo simbólico. Essas políticas precisam valorizar uma formação ampla no campo político, social, cultural e epistemológico em que o professor seja sujeito do processo formativo. Agindo como intelectual crítico, o professor cooptará pelo esforço contínuo de desvelar o oculto, de desentranhar a origem histórica e social dos discursos institucionais da escola, dos conteúdos curriculares, dos métodos de ensino, dos sistemas avaliativos, dos alunos e de sua própria formação.

Para formarmos professores como intelectuais críticos, produtores de saberes e transformadores da realidade social, é preciso considerar que há sempre múltiplos significados em jogo. Do contrário, os discursos e a linguagem –

que estruturam a compreensão da realidade – servirão para legitimar e certificar o pensamento hegemônico dos que falam (os formadores, os especialistas), afastando-os dos grupos sociais que não falam, que não possuem voz perante a sociedade, mas que possuem uma compreensão ativa e, portanto, não assimilam um suposto discurso unívoco mecanicamente; mesmo os que estão calados têm uma réplica, uma contra palavra, uma ressignificação (Kramer, 1994).

> Mas pensemos no professor: para este, seja de que naipe for a carta que lhe oferecemos numa proposta, corremos o risco de tudo ficar meio parecido – Pedagogia crítica, dos conteúdos, construtivista, grupo sanguíneo A ou B – se desconsiderarmos sua prática, seu enraizamento na cultura, sua experiência como sujeito da história dentro e fora da escola e se não revermos criticamente as estratégias que têm sido utilizadas na sua formação. (Kramer, 1994, p. 111).

É urgente denunciar o crime cometido pelas universidades e pelas secretarias de educação quando tentam apagar as experiências e os conhecimentos acumulados pelos professores por meio de políticas formativas hierarquizadas, acreditando que os professores podem tranquilamente descartar a sua história, suas experiências e suas práticas pedagógicas. Segundo Kramer (1994), para pensarmos a formação de professores como leitores e construtores de saberes, precisamos conhecer suas histórias de vida para, a partir daí, estruturar ações para a formação em serviço.

> Neste sentido é preciso perceber que os atores da prática educativa (professores e alunos) estão imersos na cultura, são autores, produtores, criadores de linguagem. Atores vivos de um saber vivo e nem sempre científico ou sacralizado como tal. (Kramer, 1994, p. 108).

Os professores são atores competentes e sujeitos ativos. Isso significa que a prática deles não é somente um espaço de aplicação e execução de saberes e conhecimentos provenientes de um determinado escopo teórico. O professor é um produtor de saberes específicos a partir das experiências particulares e coletivas vivenciadas no ambiente escolar e fora dele. Os professores precisam tornar-se sujeitos da sua formação, transformando a escola em espaço cultural de produção, transformação e mobilização de saberes. Para tanto, as condições objetivas devem ser conquistadas, como jornadas com tempo para estudos e planejamento, espaços democráticos para discussão de projetos, bons salários e projetos articuladores.

No interior da escola, a reflexão crítica pode ser um dos instrumentos formativos, não aquela reflexão individual e superficial sobre a prática. Defendemos uma reflexão ampla que possa analisar e questionar as estruturas institucionais escolares, investigar os valores e as representações de sociedade, de conhecimento e de cultura que são pressupostos para nossas ações sociais e didático-pedagógicas. A reflexão crítica pretende analisar as condições sociais e históricas, nas quais se formaram nossos modos de entender e valorizar a prática educativa, problematizando, assim, o caráter político da prática reflexiva. Para isso, é necessário tanto reconstruir os processos de formação e de construção social que nos levaram a sustentar determinadas ideias quanto estudar as contradições e as estruturas sociais e institucionais que condicionam a prática educativa (Contreras, 2002). As ações formativas devem provocar reflexões que estimulem um olhar crítico sobre as origens sociais, a ancoragem política e epistemológica dos nossos modos de pensar e organizar a prática pedagógica.

Os processos formativos, em uma perspectiva crítica, precisam ser eficientes ao ponto de provocar transformações na prática social dos professores. Nessa perspectiva, valorizamos: situações didáticas que tratem os alunos como agentes ativos e críticos; o questionamento e a problematização do conhecimento anunciado como verdadeiro; a utilização do diálogo crítico na mediação das relações entre as pessoas; o desenvolvimento de um olhar e uma linguagem crítica atenta aos problemas cotidianos da comunidade; a atenção às demandas dos diversos grupos sociais, culturais, raciais, étnicos, históricos, de classe e de gênero; e a sensibilidade quanto às injustiças sociais e econômicas da sociedade contemporânea. As discussões travadas anteriormente permitem-nos inferir que ações como essas provocarão a construção de um currículo escolar que responda às necessidades da população, a qual frequenta a escola pública, em que o professor, agindo como um intelectual crítico, possa contribuir para uma compreensão crítica da realidade social. Os professores devem tornar-se intelectuais críticos, responsáveis pela criação e organização de espaços públicos, nos quais as pessoas possam debater para encontrar soluções ou alternativas para o engajamento coletivo e para a construção de um mundo mais justo e humano.

Considerações finais

Concluímos que as políticas de formação contínua inseridas em sistemas educacionais, que valorizam o currículo comum, as avaliações externas e a remuneração por desempenho que desvalorizam os conhecimentos produzidos na escola e a autoria dos professores, se amparam nos seguintes pressupostos: uma formação individualizada e competitiva, a meritocracia como critério de justiça, a responsabilização individual dos professores, coordenadores e diretores pelos resultados da escola, a falta de prioridade do poder público quanto à política de formação contínua, a desconsideração do projeto político-pedagógico como eixo norteador da formação contínua e o descarte da gestão democrática nas unidades escolares.

Apesar da análise pessimista quanto ao conjunto das políticas formativas hegemônicas, entendemos que as políticas atuais são resultado do processo histórico de luta por validação de significados, estes que estão sendo disputados diariamente. Todavia, consideramos que, mesmo com a presença de grupos de resistência contra-hegemônicos, o curso atual da história não é nada alentador e é pouco provável uma reversão em curto prazo nos valores, nas teorias e nas práticas que permeiam as atuais políticas formativas. Três condições contemporâneas contribuem para a manutenção do paradigma atual: o enfraquecimento das entidades sindicais, a recente precarização da formação inicial e contínua do professor e o apoio irrestrito de poderosos grupos empresariais e midiáticos às políticas em curso.

A quase impossibilidade não pode desanimar a luta, principalmente no cenário pós-moderno em que a imprevisibilidade e a incerteza imperam. Neste contexto, pequenas ações individuais e/ou coletivas regionalizadas podem desencadear novas discussões ou colocar em xeque as verdades hegemônicas, vide a recente crise do capital (2008-2009). Logo, por mais que as propostas formativas sejam lineares e autoritárias, de acordo com Gimeno Sacristán e Pérez Gómez (1998, p. 217), independentemente da vontade dos governantes da posição ativa ou passiva dos docentes no desenvolvimento curricular e formativo, eles sempre participam do mesmo: "Em sistemas pouco controlados efetivamente, como é o nosso caso, ainda que haja grande quantidade de regulações a que se submeter, o professor dispõe de amplas margens de liberdade, se não para fazer qualquer tipo de prática, para realizar muitos tipos possíveis".

Alguns caminhos foram apontados durante o texto para concretizá-los; resta-nos enfrentar desafios, não somente pelos profissionais da educação como também por outros setores da sociedade: estabelecer uma política de formação de professores de caráter contra-hegemônico que rivalize com as políticas de formação de professores em andamento; construir formas coletivas para apropriação do conhecimento; e utilizar o conhecimento produzido para construir uma sociedade justa e solidária. Esperamos que esses pontos provoquem a realização de pesquisas e contribuam para a elaboração de políticas formativas que valorizem o professor como sujeito histórico, pensante e produtor de conhecimentos. Cabe destacar que a tarefa é árdua e exige engajamento e comprometimento político com boa parcela da população.

Referências bibliográficas

ALMEIDA, M. I. Formação contínua de professores. In: CASTRO, T. M. M. **Formação contínua de professores**. Brasília, DF: MEC/SEED/TV ESCOLA, 2005.

APPLE, M. W. **Educando à direita**: mercados, padrões, Deus e desigualdade. São Paulo: Cortez/Instituto Paulo Freire, 2003.

BAUMAN, Z. **Modernidade líquida**. Rio de Janeiro: Jorge Zahar, 2001.

BRZEZINSKI, I. Políticas contemporâneas de formação de professores para os anos iniciais do Ensino Fundamental. **Educação & Sociedade**, Campinas, v. 29, n. 105, p. 1139-1166, Set/Dez 2008.

CANDAU, V. M. F. Formação continuada de professores. In: REALI, M. A.; MIZU-KAMI, M. G. **Formação de professores**: tendências atuais. São Carlos: EDUFSCAR, 1996.

COLLARES, C. A. L.; MOYSÈS, M. A. A.; GERALDI, J. W. Educação continuada: a política de descontinuidade. **Educação & Sociedade**, Campinas, ano XX, n. 68, Dez 1999.

FUSARI, J. C. **Formação contínua de educadores**: um estudo de representações de coordenadores pedagógicos da secretaria municipal de educação de São Paulo. Tese de doutoramento, FE-USP, 1997.

CONTRERAS, J. **A autonomia de professores**. São Paulo: Cortez, 2002.

GATTI, B. A. Formação contínua de professores: a questão psicossocial. **Cadernos de Pesquisa**, São Paulo, n. 119, p. 191-204, Jul 2003.

_____. Pesquisa, educação e pós-modernidade: confrontos e dilemas. **Cadernos de Pesquisa**, São Paulo, v. 35, n. 126, p. 595-608, Set/Dez 2005.

_____. Análise das políticas públicas para formação continuada no Brasil, na última década. **Rev. Bras. Educ.**, Rio de Janeiro, v. 13, n. 37, p. 57-70, Jan/Abr 2008.

GENTILI, P. A. A.; SILVA, T. T. (Org.). **Neoliberalismo, qualidade total e educação**: visões críticas. Petrópolis: Vozes, 2001.

GIMENO SACRISTÁN, J.; PÉREZ GÓMEZ, A. I. P. **Compreender e transformar o ensino**. Porto Alegre: Artmed, 1998.

GIROUX, H. A. **Os professores como intelectuais**: rumo a uma pedagogia crítica da aprendizagem. Porto Alegre: Artmed, 1997.

GIROUX, H. A.; McLAREN, P. Formação do professor como uma contra-esfera pública: a pedagogia radical como uma forma de política cultural. In: MOREIRA, A. F.; SILVA, T. T. **Currículo, cultura e sociedade**. São Paulo: Cortez, 2001.

GRAMORELLI, L. **O impacto dos PCN na prática dos professores de educação física**. Dissertação de Mestrado. São Paulo: FE-USP, 2007.

KRAMER, S. A formação do professor como leitor e construtor do saber. In: MOREIRA, A. F. B. (Org.). **Conhecimento educacional e formação do professor**. Campinas: Papirus, 1994.

KINCHELOE, J. **Formação do professor como compromisso político**: mapeando o pós-moderno. Porto Alegre: Artmed, 1997.

KINCHELOE, J. L.; BERRY, K. S. **Pesquisa em educação**: conceituando a bricolagem. Porto Alegre: Artmed, 2007.

LIPPI, Bruno Gonçalves. Formação contínua de professores de educação física do Estado de São Paulo: quais as políticas em jogo? Dissertação (Mestrado em Educação). Faculdade de Educação. Universidade de São Paulo. São Paulo: FE-USP, 2010.

LIPPI, B. G.; NEIRA, M. G. A formação contínua de professores em São Paulo no período 1983 a 2006: uma análise crítica. **Educação**: Teoria e Prática. Rio Claro, v. 23, n. 43, p. 76-92, Maio/Ago 2013.

MARX, K. **O Capital**. Crítica da economia política. São Paulo: Abril Cultural, 1983.

MÁXIMO, A. C. **Os intelectuais e a educação das massas**. Campinas: Autores Associados, 2000.

MOLINA, R. K.; MOLINA NETO, V. O pensamento dos professores de Educação Física sobre a formação permanente no contexto da escola cidadã: um estudo preliminar. **Revista Brasileira de Ciências do Esporte**, Campinas, v. 22, n. 3, Maio 2001.

NUNES, C. S. C. **Os sentidos da formação contínua de professores**: o mundo do trabalho e a formação de professores no Brasil. Tese de Doutorado. Campinas: FE-Unicamp, 2000.

PÉREZ GÓMEZ, A. I. **A cultura escolar na sociedade neoliberal**. Porto Alegre: Artmed, 2001.

PORTELLI, H. **Gramsci e o bloco histórico**. Rio de Janeiro: Paz e Terra, 1977.

SÃO PAULO (ESTADO). **Proposta Curricular do Estado de São Paulo**. São Paulo: SEE/CENP, 2008.

SARTI, F. M. O professor e as mil maneiras de fazer o cotidiano escolar. **Educação**: Teoria e Prática, Rio Claro, v. 18, n. 30, p. 47-65, Jan/Jun 2008.

SILVA JUNIOR, J. R. Reformas do Estado e da educação e as políticas públicas para a formação de professores a distância: implicações políticas e teóricas. **Rev. Bras. Educ.** Rio de Janeiro, n. 24, p. 78-94, 2003.

SOUZA, D. T. R. Formação continuada de professores e fracasso escolar: problematizando o argumento da incompetência. **Educação e Pesquisa**, São Paulo, v. 32, n. 3, p. 477-492, Set/Dez 2006.

SOUZA, V. M. Formação em serviço de professores da Secretaria Municipal de Educação de São Paulo (1956-2004): gênese, transformações e desafios. Tese de Doutorado. São Paulo: FE-USP, 2005.

SOUZA SANTOS, B. **Para um novo senso comum**: a ciência, o direito e a política na transição paradigmática. São Paulo: Cortez, 2002.

SOUZA SANTOS, B. **Um discurso sobre as ciências**. São Paulo: Cortez, 2008.

TARDIF, M. Os professores enquanto sujeitos do conhecimento: subjetividade, práticas e saberes no magistério. In: CANDAU, V. M. (Org.). **Didática, currículo e saberes escolares**. Rio de Janeiro: DP&A, 2002.

TORRES SANTOMÉ, J. **Globalização e interdisciplinaridade**: o currículo integrado. Porto Alegre: Artes Médicas, 1998.

_____. **A educação em tempos de neoliberalismo**. Porto Alegre: Artmed, 2003.

Os currículos que formam professores de Educação Física: a paixão pelo inimigo[1]

Marcos Garcia Neira

Introdução

É comum o professor em início de carreira experimentar o que Tardif (2005) denominou "choque com a realidade". O interessante é observar que muitos profissionais que vivenciam a situação terminam por culpar os alunos pelo próprio fracasso e deixam passar a oportunidade de refletir sobre o processo que gerou o quadro desalentador. É mais provável que procurem contornar os problemas com o apoio dos mais próximos ou apelem para o senso comum. Dificilmente analisam de forma crítica o próprio percurso formativo a ponto de questionar por que lhe ensinaram certos conhecimentos que, quando formados, parecem inúteis, e por que não aprenderam o que precisam saber para atuar na escola dos dias de hoje.

O sentimento de fraqueza experimentado perante as turmas da Educação Infantil, do Ensino Fundamental, do Ensino Médio ou da Educação de Jovens e Adultos, coloca em xeque os conhecimentos adquiridos dado o descompasso verificado entre a satisfação pela posse do diploma e o sofrimento no cotidiano profissional. Não à toa, os currículos dos cursos de formação inicial de professores são, neste momento, postos em xeque. Infelizmente, como se sabe, uma das aprendizagens mais bem consolidadas na universidade é, justamente, a aceitação passiva daquilo que é proposto. Enquanto grande parcela

---

1 Versão revisada e ampliada do artigo "Os currículos que formam professores de Educação Física e a Síndrome de Estocolmo: explicações para o choque com a realidade". *Revista de Educación Física y Deporte*, Medellín, v. 33, n. 1, 2014. Aqui publicado com autorização.

dos professores universitários atua no sentido da manutenção das condições vigentes, preservando a todo custo a inviolabilidade do território disciplinar, os estudantes, em busca da sobrevivência acadêmica, colocam em primeiro lugar a conclusão do curso pela via mais fácil, ou seja, procuram apossar-se dos conteúdos e dominar as práticas adotadas de forma a obter mais suavemente as médias para aprovação.

A problemática apresentada se amplia quando os olhares se voltam para a formação para a docência na Educação Física. Os estudos de Alviano Júnior (2011), Nunes (2011) e Vieira (2013) discutiram as críticas desferidas aos currículos dos cursos de licenciatura em trabalho anterior (Neira, 2009), ampliaram significativamente seus achados e encontraram novas respostas para o problema. Na ocasião, empregamos uma bricolagem de métodos de pesquisa para analisar programas disciplinares e sua inter-relação, entrevistar docentes e licenciandos, além de observar suas atividades didáticas. Chegou-se à conclusão de que o currículo da formação de professores de Educação Física pode ser concebido sob a metáfora do Frankenstein.

Ao longo da sua trajetória curricular, o futuro professor toma contato com posicionamentos desprovidos de fundamentação e discursos pouco construtivos sobre o exercício da profissão, acessa críticas vazias sobre o aluno da educação pública, o funcionamento da escola e o professor que ali trabalha. Apple (2003) identificou fenômeno similar nos Estados Unidos. Segundo o autor, práticas discursivas assim proferidas apenas deformam. Colaboram para socializar a visão de que a educação deveria estar sob responsabilidade de instituições privadas, por serem eficazes, modernas e possuírem profissionais bem preparados e motivados. O que está por trás disso é a tentativa de desqualificação da escola pública. Sem muito esforço já é possível notar as sequelas dessa avalanche. Buscando fugir da identificação com os "incompetentes" e preguiçosos, os professores iniciantes sonham em atuar na rede privada, mesmo que isso implique a diminuição dos vencimentos e a piora nas condições de trabalho.

Ademais, a exaltação de determinadas posturas afastadas do cotidiano pedagógico e a idolatria com relação a outros espaços e pessoas levam o universitário a construir representações confusas acerca do que seja ensinar o componente na educação básica. Como decorrência desse processo, identificou-se o desenvolvimento de atividades de ensino objetivando, simultaneamente, a melhoria de funções psicomotoras, capacidades físicas, socialização infantil e aquisição de conhecimentos da cultura corporal. Em planos de ensino e registros das aulas, notou-se a emergência de práticas assemelhadas àquelas esperadas em escolinhas de esportes, centros recreativos e academias de ginástica (Neira, 2009). A realização desse estudo conduziu à suspeita de que o currículo da formação de professores de Educação Física pode ser responsabilizado, em certa medida, pelo mencionado choque com a realidade.

A proliferação de discursos divergentes durante a licenciatura talvez possa ser tomada como uma das possíveis maneiras de interpretar o problema. Quando incita o futuro educador a assumir diferentes posições de sujeito, isto é, diferentes identidades docentes (o professor que ensina esportes, que organiza os treinamentos, que ensina brincadeiras, que atua na escola), está, na verdade, transmitindo noções acerca do seu papel social e institucional.

O problema no currículo da formação inicial tem início já no momento da sua construção. Alviano Júnior (2011) investigou a questão, procurando analisar as relações de força que atuaram em uma experiência de construção curricular democrática. O estudo realizado possibilitou compreender que a ideia de trabalho coletivo que permeou a elaboração do currículo, ao sofrer um estranhamento durante a pesquisa, mostrou-se frágil e destituída do pretendido caráter participativo, visto que as preocupações personalistas de pequenos grupos fizeram valer sua condição de poder, enquanto as perspectivas dos setores fundamentais da sociedade como os professores em atuação na educação básica e os próprios estudantes de Educação Física não tiveram suas vozes ouvidas. O Frankenstein, portanto, é fruto de lutas que antecedem a existência do currículo.

A investigação de Nunes (2011) problematizou como a maquinaria discursiva e a não discursiva presentes em um currículo de licenciatura em Educação Física subjetivam sujeitos e operam representações em meio aos discursos da cultura empresarial como eficiência, flexibilidade e mérito, além daqueles caros à educação, como justiça social, reconhecimento e cidadania. Por meio de uma etnografia, o autor investigou a posição de sujeito assumida pelos discentes frente às situações didáticas e aos conflitos decorrentes. A partir da análise do currículo, extraiu os regimes de verdade das disciplinas e suas estratégias de negociação e inferiu os modos de regulação da educação pelo mercado, que tencionam governar os sujeitos para adequarem-se à ordem econômica mundial.

O resultado dessa maquinaria tem sido a formulação do Frankenstein (o currículo-criador) e a de suas criaturas, os futuros docentes. Por objetivar os diferentes sentidos da intervenção do egresso em campos tão diversos quanto distintos, Nunes verificou que o currículo-criador hibridiza os discursos oficiais, as tendências pedagógicas e a história da Educação Física. Por conta disso, seus sujeitos tornam-se múltiplos, fragmentados e contraditórios, ajustando-se à ordem do empreendimento pessoal e transformando-se em *commodities* a fim de atuarem em pleno acordo com as normas do mercado.

Partindo do pressuposto de que a complexidade da sociedade contemporânea interpela os sujeitos de diversas formas, Vieira (2013) investigou o processo de construção identitária dos docentes universitários, visando compreender o posicionamento dos professores diante das propostas curriculares existentes na área. Optou pelo método da História Oral para analisar os processos de identificação do professor responsável por disciplinas pedagógicas dos cursos que formam professores de Educação Física. Os resultados indicaram uma presença marcante de identidades docentes acríticas, fruto das trajetórias de vida e identificações com contextos contingentes. Diante de vetores de poder macro, posições de sujeito engendradas por condições de força maior e uma genealogia subjetiva repleta de experiências hegemônicas, as identidades docentes compõem um circuito da cultura que coloca em circulação discursos confusos e superficiais sobre a Educação Física escolar, disseminando seus efeitos nocivos aos futuros professores. O Frankenstein, portanto, é produzido pelos professores que atuam no curso de licenciatura.

As investigações mencionadas, aliadas ao incômodo do choque com a realidade, despertaram o interesse de revisitar o campo e buscar novas explicações para o fenômeno. Se a confusão curricular pode ser atribuída às lutas por poder que antecedem a sua construção (Alviano Júnior, 2011); se a formação inicial de professores de Educação Física produz sujeitos fragmentários, dispostos a tudo e preparados para nada (Nunes, 2011); ou se é o percurso identitário do docente do Ensino Superior que termina por desencadear noções superficiais e confusas sobre a docência do componente (Vieira, 2013), uma questão fica sem resposta: como o currículo vai construindo um sujeito fadado ao fracasso, mas que não consegue enxergar-se como elemento gerador, responsabilizando os alunos pela sua incompetência?

A tentativa de respondê-la seguiu as recomendações metodológicas explicitadas em Neira e Lippi (2012). Foram realizadas observações em sala de aula, análise de documentos e entrevistas com coordenadores de curso, professores e alunos de nove instituições de Ensino Superior situadas na cidade de São Paulo. As representações constatadas foram interpretadas a partir do referencial teórico dos Estudos Culturais, para quem revelar os mecanismos pelos quais se constroem determinadas representações é o primeiro passo para reescrever os processos discursivos e alcançar a formação de outras identidades (Nelson, Treichler e Grossberg, 2008).

Análise dos currículos que formam professores de Educação Física

Confirmando as suspeitas levantadas no estudo anterior (Neira, 2009), as análises dos currículos que formam professores denunciam uma grande polifonia, conflitos entre vetores de força, coexistência de visões e tendências que se afastam e, principalmente, concepções de área, docência, função da escola e papel do professor desprovidas de fundamentação. Na maioria dos casos, a experiência formativa significa travar contato com conteúdos esparsos produzidos a partir de representações divergentes sobre a profissão e, por vezes, ideologicamente compromissadas com setores da sociedade que dispõem de condições econômicas vantajosas.

A investigação dos currículos demonstrou que a criação e a existência de disciplinas, o momento em que configuram na grade e até mesmo os conteúdos trabalhados muitas vezes partem de decisões pessoais ou burocráticas. Não raro, procuram atender a disponibilidades, idiossincrasias e pressões provenientes daqueles com maior poder de influência. Em muitos casos, determinados conhecimentos e atividades de ensino constam do currículo da licenciatura sem qualquer justificativa científica ou formativa. Certo tema, evento, forma de avaliação ou conteúdo se fazem presentes porque o coordenador ou professor da disciplina assim o desejam.

Tal como identificado no estudo de Alviano Júnior (2011), contrariando a literatura da área, os currículos investigados não são fruto de ações coletivas. A ideia de um colegiado composto por representantes dos grupos interessados sequer é aventada. Tanto a avaliação contínua pelos sujeitos quanto a realimentação a partir de análises do campo de atuação do profissional são mera ficção. Simplesmente não há clareza nas visões de educação, mundo, sociedade e área de conhecimento que influenciam o percurso dos graduandos. Segundo os dados coletados, alterações ou atualizações acontecem quando muda a legislação. Tanto as disciplinas quanto as demais atividades curriculares encontram-se cristalizadas. Se o conhecimento é tratado dessa forma, como esperar que os egressos desse currículo lidem com os cada vez mais novos e fluidos dilemas da contemporaneidade?

Silva (2007) é contundente ao explicitar que o currículo forja pessoas, constitui identidades. A constatação de que os currículos analisados, consciente ou inconscientemente, estão atrelados a setores, grupos, conhecimentos, correntes e tendências sem qualquer reflexão mais profunda que faça emergir o que impeliu seus atores a incluir certos conteúdos e experiências de aprendizagem e negligenciar outros, apenas confirma a metáfora do Frankenstein (Neira, 2009).

É interessante observar como se organizam os conhecimentos dos currículos investigados. Desprezando o fato de que a cultura corporal é um objeto ilimitado, apenas as manifestações corporais hegemônicas são contempladas (voleibol, handebol, futebol, ginástica artística, basquetebol, natação). Para além da fixação da gestualidade vista como correta e do ensino de regras oficiais, os programas abrangem esparsas informações históricas ou curiosidades das modalidades. A visão fragmentada e reduzida à aprendizagem para a prática, normalmente disseminada por ex-atletas ou técnicos posicionados como formadores de professores, impossibilita um tratamento crítico e amplo do fenômeno esportivo ou ginástico. Por essa via, reproduz-se nas aulas uma concepção questionável de Educação Física escolar, qual seja ensinar crianças e jovens a movimentar-se em conformidade com regras e técnicas corporais incontestes. Assim formados, como esperar que os egressos desse currículo desenvolvam um trabalho pedagógico coletivo e articulado aos demais componentes?

Chama a atenção que o mesmo raciocínio não se aplique às disciplinas Dança ou Lutas, embora também figurem de forma enviesada. Em vez de abordarem a prática corporal como um todo, apenas as lutas e danças que circulam na mídia são privilegiadas. Em alguns casos, observam-se enfoques restritos à dança moderna e à capoeira, sem qualquer menção à extrema variedade de práticas corporais que poderiam ser estudadas. Evidentemente, mais uma vez, a opção é fruto da experiência pessoal do professor responsável. Tal como ocorre nas disciplinas esportivas e ginásticas, a ênfase recai na aprendizagem da manifestação.

Não foram identificadas situações didáticas que proporcionassem aos graduandos a apreensão dos significados políticos e sociais das práticas corporais. Claro está que o período de formação prioriza as modalidade esportivas euro-estadunidenses tradicionais e midiáticas, sem criar condições para aquelas que, produzidas nos mais variados contextos, dispõem de menor ou nenhum espaço midiático. A mesma lógica influencia a opção pelas danças, lutas e ginásticas. Torres Santomé (2011) diria que tal segregação é uma das estratégias colocadas em ação para deixar do lado de fora as diferenças.

Ainda com relação às manifestações culturais corporais abordadas na formação de professores, constatou-se que nenhum dos currículos analisados possui disciplinas voltadas à problematização das brincadeiras, mesmo que seja inquestionável a presença do tema nas aulas de Educação Física da educação básica. Como consequência, uma vez formados e em regência de classe, os egressos reproduzem repertórios pessoais monoculturais ou consultam os catálogos existentes. Em ambos os casos, o trabalho com a cultura lúdica se caracteriza pela descontextualização.

Outro fato que merece atenção, tendo em vista seu potencial de influência sobre a subjetividade dos estudantes, consiste na apologia àqueles que chegam ao Ensino Superior com acúmulo de experiências referentes às práticas corporais. Dentre os estudantes, há atletas e ex-atletas, dançarinos, lutadores, ginastas, nadadores etc. Quando não ocupam lugares institucionais de destaque, representando a entidade em torneios e apresentações, têm suas performances exaltadas durante as aulas ou nos eventos internos, são tomados como referência e elogiados, enquanto seus colegas com vivências culturais diversificadas permanecem invisíveis ou são posicionados como diferentes. Mesmo que esse comportamento venha sendo fortemente repelido pela literatura educacional e por uma parte significativa dos docentes que atuam na educação básica, parece perpetuar-se no ambiente universitário. Constatação semelhante levou Nunes (2011) a afirmar que o currículo da formação de professores de Educação Física legitima o espírito do mercado, fertilizado pelo atual contexto neoliberal. Diante de aprendizagens dessa natureza, como esperar que os egressos ressignifiquem as práticas corporais na escola visando a adoção de uma postura culturalmente inclusiva?

A análise da distribuição didática nos currículos de licenciatura revela que uma maior carga horária é reservada às disciplinas biológicas (Biologia, Anatomia, Crescimento e Desenvolvimento, Fisiologia, Fisiologia do Exercício, Saúde, Nutrição, entre outras) e ampliada por aquelas em que os mesmos conteúdos são requisitados, tais como, Treinamento Desportivo, Nutrição, Condicionamento Físico, Medidas e Avaliação. Com isso, transmite-se a ideia de que o professor de Educação Física precisa conhecer minuciosamente o funcionamento do corpo e o seu processo adaptativo ao meio.

Tradicionalmente, explica Daolio (2010), a Educação Física se pautou nas explicações naturalistas, objetivando padrões físicos e homogeneizando os alunos. Nessa relação biologicamente fundada, qualquer diferença percebida é justificada por características congênitas. O outro, portanto, é o inábil, incapaz, lento, descoordenado. Objetivada unicamente em comportamentos motores e padrões físicos, a diversidade cultural é ocultada, retirando dos alunos seus traços identitários.

Quando o ser humano é visto através de óculos naturalistas, diz o autor, enxergam-se em primeiro lugar as semelhanças físicas entre os indivíduos. Talvez a compreensão de que os corpos são iguais, aprendem e se desenvolvem sob os mesmos princípios, seja um dos sintomas da hegemonia dos conhecimentos biológicos nos currículos que formam professores. Isso leva os egressos a estabelecerem um rol de conteúdos considerados necessários a todos os sujeitos indistintamente, baseando seus procedimentos didáticos nas teorias psicológicas da aprendizagem que, segundo Silva (1996), implicam necessariamente a sua despolitização.

Um currículo baseado em conhecimentos biológicos, conforme se constata, produz professores que relacionam a função social do componente à preparação física dos sujeitos da educação e à exaltação de um estilo de vida que segue os padrões da cultura dominante. Daí decorrem os futuros posicionamentos preconceituosos com relação à diversidade de comportamentos corporais dos estudantes e até mesmo atitudes controladoras com relação a alimentação e hábitos de higiene. Negligenciar ou discriminar determinadas práticas sociais só porque se afastam dos paradigmas hegemônicos poderá significar a imposição de um modelo corporal, tido como melhor e mais adequado, em detrimento de outras possibilidades coexistentes na sociedade.

Por mais surpreendente que seja a presença majoritária dos conhecimentos biológicos ou a exclusividade das práticas corporais de tradição euro-estadunidense, é a distribuição das disciplinas pedagógicas no currículo que merece ser analisada mais detidamente. O estudo de Nunes (2011) denunciou o tratamento superficial destinado à temática educacional nas propostas que formam professores de Educação Física. Alviano Júnior (2011) indicou a fragilidade desses conhecimentos na construção curricular, o que os leva a serem relegados para o terceiro plano. Por sua vez, a investigação de Vieira (2013) revelou que os professores responsáveis por essas disciplinas recebem-nas de mal grado entre as suas incumbências, atribuindo-lhes pouca importância em função do seu *status* reduzido.

Os dados coletados coincidem com os apontamentos acima. Por razões burocráticas, professores sem vinculação com as questões educacionais assumem as disciplinas pedagógicas em caráter temporário, abandonando-as na primeira oportunidade. Nas instituições onde a responsabilidade recai sobre profissionais pertencentes a outros departamentos ou cursos, a representação disseminada entre alunos e docentes com formação em Educação Física desvaloriza e desqualifica os conhecimentos que possam ser trabalhados. Em plena era da valorização de equipes multidisciplinares, ainda existem coordenadores de curso que pensam que todos os docentes que atuam no currículo da licenciatura em Educação Física possuem conhecimentos suficientes para abordar questões educacionais.

A diminuta participação de conteúdos pedagógicos nos currículos analisados traz consequências gravíssimas, pois influencia as subjetividades dos seus formandos. A ausência de criticidade na maioria das disciplinas que povoam os currículos de licenciatura em Educação Física redunda em identidades profissionais acríticas e reprodutoras (Neira, 2009). A restrição que caracteriza as disciplinas pedagógicas contribui para elaborar uma representação do que é ou não importante aprender e saber. Afinal, conforme Garcia e Moreira (2008), também se ensina pelo que não se aprende.

Se os conteúdos de Sociologia, Didática, Filosofia, História, Metodologia do Ensino, Educação Física Escolar etc. encontram-se diluídos ou são pouco valorizados, consequentemente os graduandos tenderão a formar-se com uma concepção distorcida do que significa a docência na instituição escolar.

A carência de conhecimentos mais amplos acerca das questões sócio-históricas e políticas que envolvem a educação leva o jovem professor a assumir posicionamentos distanciados da atual função social da escola, a adotar ações didáticas idiossincráticas pautadas no senso comum, a silenciar nos momentos coletivos e a participar de maneira frágil no projeto escolar. Como esperar que os egressos enfrentem as temáticas que desafiam o cotidiano de trabalho da maioria dos professores da educação básica – globalização, multiculturalismo, violência, mundo do trabalho, culturas infantis e juvenis, mídias etc.?

As práticas avaliativas adotadas nas instituições que formam professores de Educação Física foram escrutinadas. Verificam-se cobranças com relação à execução motora, obrigando os alunos a ensaiar e a treinar exercícios que certamente jamais reproduzirão depois; e na maioria dos cursos há provas padronizadas, exigindo de turmas com aulas em turnos distintos respostas corretas às mesmas questões. O estilo "provão" é massivamente adotado.

Os coordenadores entrevistados apostam no formato como meio eficaz de preparar os estudantes para o Exame Nacional de Desempenho dos Estudantes (Enade). Em alguns casos, para garantir o envolvimento dos licenciandos, os pontos obtidos na prova são contabilizados na média final das disciplinas. A experiência soa um tanto inocente, pois não leva em consideração o visível descompasso entre o conteúdo exigido no exame oficial, por vezes desconhecido dos professores do curso, além da baixa qualidade das questões elaboradas, em função do despreparo para a tarefa. Alguns estudantes simplesmente ridicularizam a prova, pois consideram as perguntas fáceis demais ou mal formuladas. Ainda com relação à avaliação, não deixa de ser anacrônica a reserva de um período sem aulas no calendário para a realização de provas e revisões de notas. Consolida-se a ideia de que a avaliação não faz parte do processo pedagógico, sendo totalmente despossuída de caráter educativo.

As aulas observadas confirmam as impressões coletadas junto aos alunos. Exceções feitas àquelas em que o conteúdo ensinado é a gestualidade das práticas corporais, as demais são expositivas e têm como único recurso a apresentação de *slides*. Em função da padronização das provas, os professores afirmam estarem presos ao programa e obrigados a "darem aulas idênticas" para suas diversas turmas. É estranho constatar que, mesmo nas instituições onde só há aulas no período noturno, o processo didático é o mesmo. A metodologia empregada e a temática distante do referencial dos alunos impossibilita críticas, questionamentos ou estímulos à reflexão coletiva. O modelo é pautado na transmissão. Raras são as ocasiões em que se mencionam as fontes de onde foram extraídas as informações. Na maior parte das aulas observadas, o conhecimento é simplesmente apresentado como única possibilidade.

Recomendações para a leitura da bibliografia como apoio importante ao processo de aprendizagem foram percebidas em apenas um curso e, mesmo assim, após as aulas. Dessa forma, não há como os graduandos tomarem contato com a sistemática da produção de conhecimentos. Sem oportunidade de reconhecer o caráter provisório e interpretativo de tudo o que lhes é ensinado, terminam incorporando os regimes de verdade apresentados (Foucault, 2006). A partir daí, como esperar que os egressos reconheçam que todos, inclusive seus alunos da educação básica, possuem conhecimentos relevantes que precisam ser veiculados na escola?

Os dados levantados na presente pesquisa corroboram o estudo de Popkewitz (2008), para quem o discurso pedagógico informado durante os cursos de formação contribui para desqualificar tanto as ações desenvolvidas pelos docentes em atuação quanto a comunidade que frequenta as instituições públicas de ensino. A ladainha, repetida *ad nauseam*, só contribui para inferiorizar o trabalho pedagógico realizado. Caso seja internalizado pelos futuros professores, tenderão a generalizar todos os sujeitos da escola pública. Não deixa de ser curiosa a observação de Sodré e Neira (2011) por ocasião da análise das impressões dos estagiários acerca da Educação Física nas escolas municipais e estaduais. Muitos se surpreenderam com a qualidade do trabalho desenvolvido, a organização da instituição e as respostas da comunidade às atividades realizadas.

É bom que se diga que os professores universitários não podem ser inteiramente responsabilizados pelas representações que colocam em circulação durante as aulas. Conforme as informações obtidas nas entrevistas, a maioria não possui condições de trabalho, tempo para estudar ou experiência no trato das questões educacionais. Ademais, muitos estão exauridos por uma jornada de trabalho que obriga a estabelecer vínculos em várias instituições, assumindo disciplinas diferentes. Sem oportunidades para refletir acerca do que ensinam, resta-lhes discursar sobre a escola e seus atores a partir das próprias experiências enquanto alunos da educação básica ou das noções adquiridas de maneira informal.

Woodward (2000) ensina que uma representação não surge no vazio. As experiências culturais e, sobretudo, as práticas discursivas contribuem para construir as concepções sobre as coisas do mundo. As observações em sala de aula e as entrevistas revelam a existência de inúmeras práticas que promovem a escola como espaço de homogeneização cultural, isto é, da formatação de iguais. Ao abordarem com tanta ênfase as fases do desenvolvimento, os mecanismos cognitivistas da aprendizagem, o ideal de cidadão baseado no alcance dos objetivos desenvolvimentistas e todas as ações pedagógicas provindas dessa visão, os currículos formativos contribuem para afirmar uma noção universalizante de homem e mulher. Não há lugar, portanto, para aprendizagens que possibilitem aos graduandos trabalharem pedagogicamente com as crianças, jovens e adultos que não se enquadram nesses padrões. Os professores formados nessa ótica aparentemente aprendem a controlar o homogêneo, daí quem foge à norma é identificado e punido, tratado como portador de distúrbios e encaminhado aos serviços psicológicos. Para Silva (1996), a trajetória psicologizante que predominou por um longo período nos currículos dos cursos de formação de professores é a responsável pela disseminação dessa postura.

Corroborando as posições de Garcia e Moreira (2008), quando afirmam que nos cursos de formação inicial se ensina que existe uma lógica, e não lógicas, nos currículos investigados as diferenças raramente são compreendidas como fruto de experiências socioculturais distintas. A análise dos programas e das observações em sala da aula não identificou qualquer preocupação com o trabalho junto a classes populares, alunos trabalhadores, habitantes da zona rural ou qualquer outro grupo minoritário. Muito pelo contrário, os dados evidenciam um discurso de incentivo à atuação exclusiva nos setores privilegiados economicamente. Muitos professores se utilizam de situações vividas em academias de grande porte ou nos campeonatos esportivos como estratégia para validar o conhecimento ensinado.

Outra constatação intrigante é a abordagem do trabalho com as diferenças em uma só disciplina e um silêncio absoluto nas demais, evidenciando a fragmentação dos conhecimentos. Além do viés exclusivamente biológico, nas denominadas disciplinas Educação Física Adaptada ou Educação Física para as Populações Especiais, são definidas e tratadas com lentes da Medicina pouquíssimas deficiências físicas e intelectuais e apresentadas técnicas baseadas em procedimentos terapêuticos. Nada é dito acerca das diferenças culturais. A limitação de um tema tão relevante quanto a política de inclusão a uma só disciplina que, por sua vez, aborda apenas deficiências, terminará por reforçar o preconceito e o desrespeito, segregando a comunidade escolar. Como os egressos poderão mobilizar conhecimentos assim aprendidos quando se defrontarem com os alunos das escolas reais, uma vez que muitos acumulam sucessivas marcas de exclusão?

Mantendo-nos fiéis à noção de currículo que norteia o estudo, as atividades que acontecem nos espaços extra-aula também foram investigadas. Confirmando os achados de Nunes (2011), verificou-se a existência de uma cultura de trocas estabelecida há tempos. Muitas instituições promovem eventos para que os alunos consigam completar as horas de estágio obrigatório, das Atividades Acadêmicas, Científicas e Culturais e das Práticas como Componente Curricular. Nos dois últimos casos, as instituições validam diversas atividades sem relação com a formação de professores de Educação Física: campanhas variadas, dias festivos, entrega de materiais recicláveis, visitas, entre outras. Quando existe, a supervisão do estágio é burocrática. Na maioria dos cursos investigados, o licenciando apenas entrega a documentação carimbada pela escola que o "acolheu" em um setor específico, sem nenhuma vinculação com o curso. Não existem oportunidades para conversas, intercâmbios de experiências, análises de um professor-supervisor ou qualquer outra iniciativa que confira valor formativo à experiência. Se considerarmos que a produção científica mais recente sobre o tema defende que o estágio seja adotado como o eixo principal da formação de professores, é visível o quão afastados os currículos da Educação Física se encontram. Resumidamente, o estágio deveria ser uma experiência pedagógica que tem por objetivo aproximar o futuro professor da escola, apoiando-o nos primeiros passos da docência. Se tal atividade não promove uma aproximação qualificada e baseada na reflexão sobre realidade, como evitar que o egresso entre em choque?

Considerações finais

A análise dos currículos da formação inicial de professores de Educação Física permite levantar algumas hipóteses explicativas para o choque com a realidade vivenciado pelos egressos, bem como sobre a responsabilização dos alunos pelo próprio fracasso.

Conforme se verificou, os conhecimentos são distribuídos em disciplinas estanques com pouca ou nenhuma relação entre elas, decididos de forma centralizada ou à mercê da vontade individual dos professores. As fontes dos conteúdos abordados em aula raramente são mencionadas, muito menos o processo de pesquisa que antecedeu o conceito ensinado. As aulas são expositivas, baseadas na transmissão vertical, com pouco estímulo à leitura prévia ou ao debate.

Escalonando os conhecimentos trabalhados no currículo com base na análise dos dados, observa-se o destaque conferido às disciplinas que abordam as práticas corporais ou aquelas de cunho biológico, em detrimento das disciplinas pedagógicas. Enquanto as primeiras enfatizam a fixação das técnicas corporais, visando sua transmissão aos futuros alunos, e as segundas abarcam uma noção universal de corpo, as disciplinas que tematizam as questões educacionais são oficialmente negligenciadas.

Os processos de ensino que caracterizam a experiência universitária são homogeneizantes e monoculturais. A sistemática de avaliação adotada procura verificar a fixação de técnicas corporais das práticas hegemônicas ou de conhecimentos descontextualizados. Não existe estímulo a uma postura reflexiva baseada na produção científica sobre a docência na educação básica.

Os dilemas e desafios que afligem a escola contemporânea passam ao largo dos currículos investigados. Os conhecimentos dos alunos não são levados em consideração, o que contribui para disseminar a noção de que apenas o que o professor ensina tem relevância. Some-se a isso a realização fictícia dos estágios, aspecto que favorece a acomodação institucional, uma vez que os licenciandos não possuem condições ou experiências que lhes permita desestabilizar a lógica instaurada, questionando o que é ensinado.

Diante das experiências proporcionadas pelo currículo da formação de professores de Educação Física, o egresso não reúne os conhecimentos mínimos necessários para compreender a realidade educacional atual e nela intervir coletiva e criticamente. Em meio ao desespero, recorre a qualquer meio para solucionar o problema mais imediato: controlar os alunos. Revelando a faceta cruel do currículo vivido, incorpora as representações disseminadas e passa a responsabilizar a clientela da educação básica e a comunidade escolar pela sua incompetência.

Ocorre que o licenciando ao longo do currículo da formação inicial vai estabelecendo uma relação de cumplicidade com os discursos que acessa, identificando-se por completo com a representação de professor de Educação Física que eles incitam. Conforme Silva (2007), o currículo posiciona os sujeitos em meio à cultura, produzindo identidades coerentes com o projeto almejado. Tal como ocorre com a Síndrome de Estocolmo,[2] o graduando tem suas esperanças e seus sonhos vilipendiados. Afinal, não será o profissional que espera ser. Ao contrário, fracassará nas suas experiências iniciais. Na condição de vítima do processo, o futuro professor se identifica com o currículo. Sendo por ele capturado, faz o possível para identificar-se. O poder do captor é de tal monta que, mesmo enfrentando dificuldades no exercício profissional decorrentes do que deixou de aprender, o egresso é incapaz de analisar criticamente o currículo que lhe foi ofertado.

Referências bibliográficas

ALVIANO JÚNIOR, W. **Formação inicial em Educação Física**: análises de uma construção curricular. Tese (Doutorado em Educação) – Faculdade de Educação. Universidade de São Paulo. São Paulo: FE-USP, 2011.

APPLE, M. W. **Educando à direita**: mercados, padrões, Deus e desigualdade. São Paulo: Cortez/IPF, 2003.

DAOLIO, J. A. Educação Física escolar como prática cultural: tensões e riscos. In: _____. (Coord.). **Educação Física escolar**: olhares a partir da cultura. Campinas: Autores Associados, 2010.

FOUCAULT, M. **A ordem do discurso**. São Paulo: Loyola, 2006.

GARCIA, R. L.; MOREIRA, A. F. B. Começando uma conversa sobre currículo. In: _____. (Org.). **Currículo na contemporaneidade**: incertezas e desafios. São Paulo: Cortez, 2008.

NEIRA, M. G. Desvelando Frankensteins: interpretações dos currículos de licenciatura em Educação Física. **Revista Brasileira de Docência, Ensino e Pesquisa em Educação Física**. Cristalina, v. 1, n. 1, p. 118-140, Ago 2009.

NEIRA, M. G.; LIPPI, B. G. Tecendo a colcha de retalhos: a bricolagem como alternativa para a pesquisa educacional. **Educação & Realidade**. Porto Alegre, v. 37, n. 2, p. 607-625, Maio/Ago 2012.

---

2 A expressão criada pelo criminologista Nils Bejerot faz referência ao comportamento das vítimas de um assalto a um banco em Estocolmo em 1973. Ao longo dos seis dias em que ladrão e reféns ficaram dentro do banco, as vítimas criaram laços afetivos com o criminoso e chegaram a defendê-lo. A síndrome seria então um estágio psicológico vivenciado em situações de tensão e medo, quando a vítima, por instinto de sobrevivência, desenvolveria afeto pelo captor.

NELSON, C; TREICHLER, P. A.; GROSSBERG, L. Estudos Culturais: uma introdução. In: SILVA, T. T. (Org.). **Os alienígenas na sala de aula**: uma introdução aos Estudos Culturais em educação. Petrópolis: Vozes, 2008.

NUNES, M. L. F. **Sobre Frankensteins, Monstros e Ben 10**: fragmentos da formação em Educação Física. Tese (Doutorado em Educação) – Faculdade de Educação. Universidade de São Paulo. São Paulo: FE-USP, 2011.

POPKEWITZ, T. S. Uma perspectiva comparativa das parcerias, do contrato social e dos sistemas racionais emergentes. In: TARDIF, M.; LESSARD, C. **O ofício do professor**. Petrópolis: Vozes, 2008.

SILVA, T. T. **Identidades terminais**: as transformações na política da pedagogia e na pedagogia da política. São Paulo: Vozes, 1996.

_____. **Documentos de identidade**: uma introdução às teorias do currículo. Belo Horizonte: Autêntica, 2007.

SODRÉ, M. L.; NEIRA, M. G. A formação de professores de Educação Física na Universidade de São Paulo: análise das experiências de estágio disciplinar. **Cadernos de Educação Física**: estudos e reflexões, Marechal Rondon, v. 10, n. 19, p. 11-18, 2011.

TARDIF, M. **O trabalho docente**: elementos para uma teoria da docência como profissão de interações humanas. Petrópolis: Vozes, 2005.

TORRES SANTOMÉ, J. O cavalo de Troia dos conteúdos curriculares. In: APPLE, M. W.; AU, W.; GANDIN, L. A. **Educação crítica**: análise internacional. Porto Alegre: Artmed, 2011.

VIEIRA, R. A. G. **Identidades docentes no Ensino Superior de Educação Física**: recorte da cidade de Sorocaba. Dissertação (Mestrado em Educação) – Faculdade de Educação. Universidade de São Paulo. São Paulo: FE-USP, 2013.

WOODWARD, K. Identidade e diferença: uma introdução teórica e conceitual. In: SILVA, T. T. (Org.). **Identidade e diferença**: a perspectiva dos Estudos Culturais. Petrópolis: Vozes, 2000.

Sobre os autores

Marcos Garcia Neira

Licenciado em Educação Física e Pedagogia, mestre e doutor em Educação com pós-Doutorado em Educação Física e Currículo e Livre-Docência em Metodologia do Ensino de Educação Física. É professor titular da Faculdade de Educação da Universidade de São Paulo, bolsista de produtividade em pesquisa do CNPq e coordenador do Grupo de Pesquisas em Educação Física Escolar da Faculdade de Educação da Universidade de São Paulo.

Mário Luiz Ferrari Nunes

Licenciado em Educação Física, mestre e doutor em Educação pela Faculdade de Educação da Universidade de São Paulo, com pós-Doutorado em Currículo. Desenvolve pesquisas sob o enfoque dos Estudos Culturais e foucaultianos a respeito da inter-relação currículo, identidade e práticas corporais. É professor no Departamento de Educação Física e Humanidades da Unicamp e membro do grupo de pesquisas Corpo e Educação – FEF/ Unicamp. Coordena o Grupo de Pesquisas em Educação Física escolar da Faculdade de Educação da Universidade de São Paulo.

Wilson Alviano Júnior

Licenciado em Educação Física com Mestrado em Educação pela Universidade Metodista de São Paulo e Doutorado em Educação pela Faculdade de Educação da Universidade de São Paulo. Atualmente, é professor adjunto da Faculdade de Educação da Universidade Federal de Juiz de Fora, atuando nos cursos de licenciatura em Educação Física, e investiga a formação de professores em Educação Física e a prática pedagógica desse componente. Membro do Grupo de Pesquisas em Educação Física Escolar da Faculdade de Educação da Universidade de São Paulo.

Rubens Antonio Gurgel Vieira

Doutorando em Educação na Faculdade de Educação da Universidade Estadual de Campinas (FE/Unicamp). Mestre em Educação pela Faculdade de

Educação da Universidade de São Paulo. Professor da Faculdade de Educação Física de Sorocaba (Fefiso/ACM-Sorocaba). Formador da Secretaria de Educação da Prefeitura de Sorocaba. Membro do Grupo de Pesquisas em Educação Física Escolar da Faculdade de Educação da Universidade de São Paulo.

Bruno Gonçalves Lippi

Licenciado em Educação Física pela Unesp (Presidente Prudente). Mestre em Educação pela Faculdade de Educação da Universidade de São Paulo, cuja pesquisa se debruçou sobre as políticas contínuas de formação de professores. Trabalhou como professor de Educação Física na rede estadual de São Paulo e nas redes municipais de São Paulo e São Caetano do Sul. Hoje, exerce a função de Coordenador Pedagógico na EMEF Vianna Moog em São Paulo. Membro do Grupo de Pesquisas em Educação Física Escolar da Faculdade de Educação da Universidade de São Paulo.

Sobre o Livro
Formato: 16 × 23 cm
Mancha: 11 × 18 cm
Papel: Offset 90g
nº páginas: 176
1ª edição: 2016

Equipe de Realização
Assistência editorial
Liris Tribuzzi

Assessoria editorial
Maria Apparecida F. M. Bussolotti

Edição de texto
Balão Editorial (Preparação do original, copidesque e revisão)
Gerson Silva (Supervisão de revisão)

Editoração eletrônica
Balão Editorial

Impressão
Edelbra Gráfica